筒美京平
大ヒットメーカーの秘密

近田春夫

文春新書
1325

筒美京平　大ヒットメーカーの秘密◎目次

【第2部】　近田春夫による対話篇

構成：下井草秀　聞き手（第1〜6章、第10章）：下井草秀

【第1部】　近田春夫による筒美京平論

第1章　開花前夜（1966〜1970）

「バラ色の雲」

不思議な作曲家

——近田さんが最初に筒美京平という存在を認識したのはいつのことだったんですか。

近田　昭和42年8月に、グループサウンズの一角を占めるヴィレッジ・シンガーズが、**「バラ色の雲」**（作詞：橋本淳《じゅん》）というシングルをリリースしたのよ。

——彼らにとっては、3枚目のシングルとなります。（※注・年号の表記は昭和期は昭和、平成以後と洋楽には西暦を用いた）

近田　もともと彼らは、アメリカのフォークロックを日本に翻案したような音楽を得意とするバンドだったわけ。「バラ色の雲」の前年に発表されたデビュー曲の「暗い砂浜」は、カントリー歌手の大御所だった寺本圭一さんが作詞し、このバンドのメンバーの小松久さんが作曲した楽曲。バーズを思わせる12弦ギターの使い方などには、玄人を唸らせるセンスがあったから、当時高校生だった俺も気に入ったのよ。

——ボブ・ディランの作った「ミスター・タンブリン・マン」（１９６５年）をヒットさせた、初期のバーズに近かったんですね。かなり進取の精神に富んだバンドだったわけだ。

近田　ただ、やっぱりそれじゃ売れなかったんだろうね。巻き返しを図ったとおぼしき「バラ色の雲」は、デビュー曲とは似ても似つかぬ甘ったるいフォーク歌謡でさ、心からがっかりしたのを覚えてる。当時の自分は英米のロックに惹かれていたからね。「フリフリ」（昭40）、「ノー・ノー・ボーイ」（昭41）といったメンバーの自作曲をリリースしてきたザ・スパイダースが、浜口庫之《くらの》助《すけ》の作詞作曲した「夕陽が泣いている」（昭41）を出した時の失望と同じものを感じたよ。GSって、最初こそ洋楽みたいなカッコいい曲を歌っていても、すぐに日和《ひよ》って歌謡曲みたいな方向に走っちゃうわけ。それがいつも不満でさ。

――まあ、お茶の間向けの分かりやすい音楽性が求められたんでしょうね。

近田　「バラ色の雲」は自分としては納得のいかない曲だったんで、「誰なんだろう、こんな曲作ったのは」と思って、レコード屋で歌詞カードを見たら「筒美京平」と書いてある。俺の趣味じゃない曲を書く作曲家として、最初はその名前を認識したのよ。

――意外にも、不幸な形での出会いだったんですね（笑）。その印象が好意的なものに変わったのはどこからですか。

近田　昭和43年の9月にリリースされたザ・ジャガーズの**「星空の二人」**（作詞：橋本淳）と、同年同月に発売されたオックスの**「ダンシング♥セブンティーン」**（作詞：橋本淳）

「星空の二人」

「ダンシング♥セブンティーン」

がきっかけ。いずれもスタックス系のR&Bを巧みに採り入れたカッコいい曲だったから、作曲のクレジットを確認したところ、あの筒美京平という名前が記されていた。この2曲と「バラ色の雲」を書き分けられるこのコンポーザーは、一体どんな人なんだろうと不思議に思ったんだよ。

和製ポップスからグループサウンズへ

——京平さんが作曲家としてデビューをしたのは、昭和41年。その登場前夜において、歌謡曲の世界で注目すべきムーブメントというと、何を挙げることができるでしょうか。

近田 大きかったのは、狭義で言うところの「和製ポップス」なるジャンルの登場だね。当時の日本のレコード会社は、たいがい洋楽のレーベルを抱えていた。日本コロムビアならCBS、日本ビクターならフィリップスといった具合にね。そういった洋楽部門からリリースされた日本のアーティストの楽曲を、和製ポップスと呼び習わしていたんだ。

——それらのレコードが、メインである邦楽のレーベルから発売されなかった理由は？

近田　あの時分、各レコード会社ではまだ専属契約制が生きていた。例えば、古賀政男はコロムビア、吉田正はビクターの専属作家だったの。大物の先生方ががっちりと地位を固めているメインの邦楽レーベルには、フリーランスの作家が入り込む余地はなかったわけ。

――なるほど。しかし、洋楽レーベルにはそういう縛りがなかったんですね。

近田　そう、だからある種、脱法的なやり方なのよ。この定義における和製ポップスの第一号が、昭和40年にリリースされたエミー・ジャクソンの「涙の太陽」。作曲したのは中島安敏さん。作詞はR. H. Riversとあって、一見外国人のように思えるけど、これ、音楽評論家の湯川れい子さんのペンネームなんだよね。

――湯川＝Hot Riversということですね（笑）。

近田　このシングルは英語詞だったし、歌い手の名前も外国人風だったから、いかにも洋楽然として見えた。でも、この曲のヒット以降は、別に歌詞が英語じゃなくて日本語であろうと、洋楽レーベルから出たものは不思議なことに和製ポップスと呼ばれる仕組みになっちゃったのよ。有名どころでいうと、東芝音工（東芝音楽工業、現・ユニバーサル ミュージック ジャパン）の傘下にあったキャピトルからリリースされた黛《まゆずみ》ジュンの「恋のハレルヤ」とかね。

「黄色いレモン」

——「涙の太陽」の2年後、昭和42年に発売され、大ヒットを記録しています。

近田 「恋のハレルヤ」の作詞はなかにし礼さん、作曲は鈴木邦彦さん。和製ポップスと呼ばれる作品を量産することでこのジャンルを世の中に認知させたのは、誰よりも鈴木邦彦さんだったんじゃないかと思う。

——京平さんの作曲家としてのデビュー曲**「黄色いレモン」**（作詞：橋本淳）も、和製ポップスの系譜に連なる楽曲だったと言っていいですよね。昭和41年に、藤浩一（現・子門《しもん》真人《まさと》）と望月浩が、競作としてそれぞれ別のレコード会社からリリースしています。

近田 そして、和製ポップス向けのものとして確立した制作体制は、何となくそのままグループサウンズ、通称GSに移行することとなるんだよ。

GSの中心にいた鈴木邦彦

——GSの時代、京平さん以外に注目していた作曲家というと？

近田 ザ・タイガースのメインライターだったすぎやまこういちさん、それから、鈴木邦彦さん、村井邦彦さん、加瀬邦彦さんの三人邦彦だね。

——今挙げた名前の中で、加瀬さんだけは、ザ・ワイルド・ワンズのリーダーとして自作自演を行っていました。

近田　そう。ＧＳバンドは数あれど、自作自演でコンスタントに世間に知られるレベルのヒットを飛ばすことができたのは、ワイルド・ワンズ、ジャッキー吉川とブルー・コメッツ、ザ・スパイダースの３組だけだった。ザ・テンプターズの場合は、最初の２曲、「忘れ得ぬ君」（昭42）「神様お願い！」（昭43）こそリーダーの松崎由治《よしはる》さんの作詞作曲だったけど、本格的にブレイクしたのは村井邦彦さんが曲を書いた「エメラルドの伝説」（作詞：なかにし礼／昭43）だったから。

——ＧＳの面々は、自作自演を行ったビートルズやローリング・ストーンズに憧れ、範を採っていながら、結局は職業作家のお仕着せばかりを歌うようになってしまった。

近田　これは仮定の話だからナンセンスかもしれない。けれど、例えば、テンプターズでは松崎さんがずっと曲を書き、ヴィレッジ・シンガーズでは小松さんがずっと曲を書き、不器用でも、自分たちのサウンドは自分たちで作ることがＧＳの主流になっていたら、その後のＪポップの歴史は、だいぶ意味の違ったものになったんじゃないかな。

——ちなみに、GS史上最大のヒット曲は、ブルー・コメッツの「ブルー・シャトウ」（作詞：橋本淳）。昭和42年に発表されたこのシングルは、日本レコード大賞を受賞します。

近田　あの曲は、ブルコメのメンバーだった井上忠夫（のち大輔）さんが作曲したわけだけど、歌謡曲の色合いがだいぶ濃かった。「ブルー・シャトウ」が売れたことで、当初は英米のロックの影響を受けてビートを中心とした楽曲に挑んでいたGSのグループが、みんなムード歌謡的な路線に傾いていったんだよね。

——ライブではゼム、ヤードバーズ、ジェイムス・ブラウンといった洋楽をレパートリーとし、GSきっての本格派として名を馳せたザ・ゴールデン・カップスも、いざデビューしたら、宛てがわれたのは鈴木邦彦さんや村井邦彦さんが書いた歌謡曲でしたね。

近田　こうやって振り返ってみると、和製ポップスの時代に続くGSの時代も、その中心にいた作曲家は鈴木邦彦さんだった。とにかく幅広く、いろんなグループに曲を書いていたから。京平さんは、ヴィレッジ・シンガーズ、オックスとジャガーズ以外に関しては、割とマイナーな数グループにしか楽曲を提供してないんじゃないかな。

——鈴木邦彦さんは昭和13年生まれ。京平さんの2歳上となります。

近田　京平さんは、そのキャリアの初期において、邦彦さんの作品をかなりチェックしてた気がするんだ。この二人、もともとバックボーンに共通点が多いんだよね。邦彦さんは中等部から慶應、京平さんは初等部から青山学院と、当時としては珍しく、大学まで上がれる私立の学校に通っていたし、本来は、京平さんはクラシックのピアニスト、邦彦さんはジャズピアニストへの志向があった。

ジャズとの化学融合

――最初から歌謡曲の作家を志していたわけじゃないんですよね。

近田　そうなのよ。当時のＧＳの職業作家は、橋本淳さんやなかにし礼さんといった作詞家も含め、歌謡曲が好きだったわけじゃない。そこが面白いんだよね。なのに、作るものは立派な歌謡曲に仕上がっている。それは、そもそもの意図としてそうなったのか、たまたまの結果としてそうなったのか、当時ＧＳの曲を聴きながら、俺はずっとそのことを考えてたんだ。でもさ、子どもながらに自分で作曲の真似事をしてみると、外国っぽい曲を作ろうと思っても、やっぱり外国っぽくはならないのよ。

――何でしょう、どうにも逃れられない骨がらみの国民性があるんですかね。

近田　それもあるんだろうけど、プロのＧＳ作家たちは、洋楽的な要素をどうやったら歌謡曲的な楽曲に落とし込めるのか、その方法論について試行錯誤を繰り返していたんだと思う。そこに関して最も意識的だったのが、鈴木邦彦さん。そして京平さんもまた、和のテイストの匙加減についてはずっと吟味を続けていた。その視点から筒美京平作品を見てみると、「あ、プロだな」と感じることがだんだん増えてきてさ。

——三人邦彦や京平さんといった世代と、その一つ前、10歳程度年上の中村八大《はちだい》さん、宮川泰《ひろし》さんといった世代の違いはどこにあると思いますか。

近田　どちらもジャズが基礎にあることは間違いないんだけど、八大さんや宮川さんの場合は、それがスウィングなんだよね。対して、京平さんたちの世代はモダンジャズから入っている。さらに、エイトビートという新しい概念を自家薬籠中のものとしている。

——しかし、ＧＳのバンド自体には、さほどジャズ出身者はいませんよね。

近田　そう。スパイダースなんかにしてもそうだけど、むしろカントリー&ウエスタンをやってた人が多いんだよ。その次に流行《はや》ったロカビリーにしても、カントリー&ウエスタンの変形という性格が濃いじゃん。でも、彼らに曲を提供する作曲家の側はジャズの出が多かった。その化学融合が、ＧＳにしかない不思議な魅力を生み出してるんだと思う。

——ＧＳのサウンドの肝となる楽器は？

近田　やっぱり、何といってもエレキギターだね。しかも、クリーントーンではなく、ファズを効かせて音を歪ませたエレキ。京平さんたちの持つ音楽の官能性と、エレキギターの進化もまた、非常にマッチしたんじゃないかな。

――尾崎紀世彦が昭和46年に歌った大ヒット曲**「また逢う日まで」**は、ＧＳのズー・ニー・ヴーが昭和45年にリリースした「ひとりの悲しみ」という曲の歌詞を書き直したものだったそうですね。作詞はいずれも阿久悠、作曲は筒美京平。

近田　そう。ズー・ニー・ヴーのヴァージョンは売れなかった。その前年にリリースした「白いサンゴ礁」（作詞：阿久悠　作曲：村井邦彦）はそこそこヒットしたんだけど、「ひとりの悲しみ」の頃には、ＧＳ人気はもはや底を打っていたんだよね。どれだけ急速にＧＳが衰退したかが分かる。

「また逢う日まで」

――ＧＳのブームは、実質的には昭和41年から44年までのたった４年間とされています。

近田　本当に短い期間だったのよ。だって、大学通ってるうちに終わっちゃう長さなんだから。最近のグループ、例えばＡＫＢ48ってもう、デビューから15年も経つわけでしょ。今の芸能界が、いかに

「雨がやんだら」

「くれないホテル」

「ブルー・ライト・ヨコハマ」

延命に長《た》けているかってことよ。

ビートルズの影響は受けなかった

——この時期、昭和40年代中葉の京平さんは、女性歌手にもたくさんの楽曲を提供しています。いしだあゆみの**「ブルー・ライト・ヨコハマ」**（作詞：橋本淳／昭43）、西田佐知子の**「くれないホテル」**（作詞：橋本淳／昭44）、朝丘雪路の**「雨がやんだら」**（作詞：なかにし礼／昭45）といったところが名曲として知られますね。

近田　もちろんそれらの楽曲も素敵なんだけど、まだ京平さんの本当の力は花開いていないと思うんだ。メロディーよりも、橋本淳さんや礼さんの書く詞の方が強く残る。そのサウンドの面白さが縦横無尽に発揮されるのは、この少し後、アイドル向けのポップスをばんばん量産するようになってからのことだよね。

——昭和46年には、筒美京平とフェザー・トーンズ名義で、『バカラックがビートルズに逢った時』というアルバムがリリースされています。

近田　もしもビートルズのナンバーをバート・バカラックが編曲したらどうなるか、それをシミュレートしたアルバムなんだよね。でも、ビートルズとバカラックって、音楽の作り方が水と油みたいに違うじゃん（笑）。ビートルズは譜面なんか書けもせず読めもしなかったわけだけど、バカラックはアカデミックな理論に基づいて楽曲を構築する。この無謀と言ってもいい試みにこそ、筒美京平という人がどういう視点から音楽を作っていたか、そのヒントが隠されていると思う。

――実弟の渡辺忠孝さん曰く、京平さんは、あまたあるバカラックの楽曲の中でも「ボンド・ストリート」（１９６７年）に惹かれていたということでしたね。

近田　バカラックというとソフィスティケートされたナンバーが多い印象があるけど、「ボンド・ストリート」はちょっとファニーでコミカルな楽曲じゃない？　ただ、ちゃんとチェックしてみると、和声や転調に工夫が施されている。技巧が凝らされてるのよ。

――京平さんにとっても、そこが魅力だったんでしょうか。ちなみに、『バカラックがビートルズに逢った時』では、ビートルズの「デイ・トリッパー」（１９６５年）を「ボンド・ストリート」そっくりにアレンジするという遊び心が発露しています。

「赤毛のメリー」

近田　でもさ、京平さんのキャリアを見渡しても、変ちくりんな転調や変拍子を採り入れた曲ってほとんどないんだよ。まあ、アルバムだけに収録された渋い曲なんかは置いといてね。とにかく、ヒットを狙うシングル曲には、ほぼ見当たらない。俺の知る限りでは、ザ・ガリバースの**「赤毛のメリー」**（作詞：橋本淳）が唯一の例外だね。

——ガリバースは、昭和43年に発表したこのデビューシングル1枚こっきりで終わってしまった泡沫GSですね。

近田　必然性のない作曲を行わない京平さんにしては珍しく、無意味な転調があったりして、やたらと展開が目まぐるしいのよ。一度聴いてみると面白いよ。

——京平さんがバカラックを参照したのは、複雑な展開というよりは、むしろ管弦を中心としたアレンジの部分という印象がありますね。

近田　だから、なぜ「ボンド・ストリート」が好きだったか、そこに謎が残るのよ。

——筒美京平はビートルズの登場後にそのキャリアをスタートさせた作曲家ですが、その音楽性に、ビートルズの影響はうかがえるものでしょうか。

近田　ほとんど影響は受けてないと思うよ。ビートルズの音楽は、楽理を踏まえてるわけじゃないんだよね。さっきも言ったように、譜面に紐づいていない。京平さんがインスパイアされたとすれば、その一世代前のアメリカンポップス。

――ティン・パン・アレー系、あるいはブリル・ビルディング系と呼ばれる、ニューヨークの音楽出版社群に集った職業作家たちが紡いだ楽曲ですね。

近田　ビートルズ以降の自作自演の音楽は、楽典的にはまったく我流のところから非論理的に構築される音楽だから、京平さんには理解が及ばなかったんじゃないかな。

第2章　王者への行程（1971〜1975）

「17才」

郷ひろみ「男の子女の子」の衝撃

——アイドル歌謡の王者としての筒美京平像を決定づけたのは、昭和46年にデビューした南沙織と、その翌年にデビューした郷ひろみ、この二人でしょうね。

近田　南沙織のデビュー曲**「17才」**（作詞：有馬三恵子）は、リン・アンダーソンの「ローズ・ガーデン」（１９７０年）が元ネタだよね。従来の歌謡曲とは違った、乾いた感覚が新鮮だった。末期のＧＳが歌謡曲化するなど、音楽界がどんどんドメスティックな方に向かっていった一方、一般世間では、「ａｎａｎ」が創刊されたりして、ちょっと洒落《しゃれ》た外国風のものを求める風潮が高まっていた。その時代のアイコンとして、南沙織が機能したということは言えると思う。

——ちなみに、南沙織も郷ひろみも、所属レコード会社は昭和43年に設立された新興のＣＢＳ・ソニー（現・ソニー・ミュージックエンタテインメント）。アメリカのＣＢＳと日本のソニーが折半出資を行って生まれた会社です。

近田　やっぱり、（日本）コロムビアやテイチク（現・テイチクエンタテインメント）、キング（キングレコード）といった老舗《しにせ》と比べると、圧倒的に新しいイメージがあった。ほどよく和風なんだけどどこか外国の匂いがする筒美作品の音楽構造と、ＣＢＳ・ソニーの社風との間には、親和性があったんだろうね。

――郷ひろみのデビューには、近田さんは相当な衝撃を受けたそうですね。

近田　**「男の子女の子」**を歌う彼を見た時、あのルックスにあの声、という意外性にびっくりしてさ（笑）。あの曲、歌詞もシュールじゃん。僕たちと君たちの関係性がよく分からない。そこがいいんだけど、どういう風景を想像しながら歌ってるのかなあって。

「男の子女の子」

「よろしく哀愁」

――作詞は、越路《こしじ》吹雪《ふぶき》のマネージャーとしても知られる岩谷時子さん。

近田　郷ひろみの初期の楽曲に関しては、京平さんと作詞家との相性がみんな抜群によかったのよ。しかも、女性作詞家が多かった。「男の子女の子」の岩谷時子、**「よろしく哀愁」**（昭49）の安井かずみ、「わるい誘惑」（昭49）の有馬三恵子、「逢えるかもしれない」（昭50）の山口洋子、「洪水の前」（昭52）の岡田冨美子……。京平

『HIROMIC WORLD』

さんのメロディーには柔らかさがあるから、構築的ではなく感覚的、男性性ではなく女性性の勝った歌詞が似合うんだよ。男性であったとしても、千家《せんけ》和也とか、ちあき哲也とか、優しい作風の作詞家と組んだ場合は旋律が生きる。そもそも、橋本淳さんだってそういうやわらかい質感が得意なタイプだよね。

——柳腰という言葉が頭に浮かびます。

近田　そうね。一歩引いた感じの女性性、今のＪポップからは失われてしまった類の女性性とも言い替えることができる。それが、京平さんの時代と現代を隔てている大きな特徴のひとつなのかもしれない。歌謡曲なりＪポップなりにおける女性像を塗り替えたのは、恐らくユーミン（松任谷由実）だよね。「守ってあげたい」（昭56）という曲名に象徴されるように、勝気で能動的なヒロインが活躍する時代が到来した。

——「ルージュの伝言」（昭50）の歌詞にもそれを感じます（笑）。

近田　そういう意味で、郷ひろみの作品で特筆すべきは、昭和50年にリリースされた『HIROMIC WORLD』というアルバム。全編、作詞は荒井由実、作編曲は筒美京平なんだ。

――ユーミンが松任谷正隆と結婚する1年前、まだ荒井姓の頃に発表されています。タイミングとしては、彼女の「あの日にかえりたい」がオリコン1位を獲得した直後。

近田　京平さんが一枚丸ごと作編曲を手がけたアルバムの中でも、これを超えるクオリティの作品は存在しないと思う。職業作詞家ではなく、自ら詞も曲も書いて歌うことができるシンガーソングライターとコラボレートしたという点でも他に類を見ない。そのコンセプトによって、京平さんは違う角度から音楽を楽しむことができたんじゃないかな。

さまざまな意味での「含羞」

――女性作詞家たちとは反対に、構築的で男性性の強い作風の作詞家というと？

近田　阿久悠さんだね。論理的に、「これこれこうだからこう」と詰めていく。だから、「また逢う日まで」にしても、京平さんの曲というよりは阿久さんの曲という印象が色濃く残ることになるんだよ。

――確かに、あの尾崎紀世彦の堂々たる歌いっぷりとも相まって、バンカラなロマンティシズムが前面に押し出されていますね。ちょっとしたマチズモを感じるというか。

近田　そういう意味で、阿久さんと一番マッチするのは、都倉俊一さんなんだよ。

——阿久さんと都倉さんは、ピンク・レディー、フィンガー5、山本リンダ、それからペドロ&カプリシャスなどで大ヒットを飛ばした名コンビです。

近田　都倉さんの書く旋律は、どれも定規で引いたように直線的。アタックが強い。一方、京平さんの書くメロディーは、すべて丸みを帯びている。都倉さんの楽曲には、阿久さんの言葉が上手くハマるんだよ。

——阿久さんは広告代理店出身ということもあって、歌詞のコンセプトも明確ですよね。

近田　そうそう、あらかじめ着地点がはっきりしてるんだよ。

——阿久さん、都倉さんは、「スター誕生！」（日本テレビ系）の審査員を務めるなど、メディアへの露出も多かったことから、お茶の間にも広く顔を知られていました。ところが京平さんは、その絶大な知名度に反比例するがごとく、個人としての実像が認知されていなかった。

近田　その因《よ》って来たるところは、職人として裏方に徹する、みたいな美学ではなかったと思うんだよね。単純に、東京人ならではの含羞《がんしゅう》。さらに言えば、本来の自分が好きな音楽と自分の作っている音楽が異なる、そのことに対する含羞もあったんじゃないかと。

——自分を御簾《みす》の奥に隠して、神秘性を保つような意図があったわけじゃないんですね。

近田　京平さん本人は、別に秘密主義者でも何でもないんだよね。個人的に付き合ってみると、プライベートな話題について聞いても、意外と平気で語ってくれるし。

――お高くとまってたわけではないと。

近田　とにかく、含羞の人なのよ。だから、京平さんは決して、えげつない曲は作らなかったんだよね。「えげつない」という言葉の定義はちょっと難しいところだけど。

――逆に、これ見よがしに難しい曲、アカデミックな曲を作ることも恥ずかしいと思っていた節がありますよね。

近田　あくまでも仕事として割り切った上で、大衆に受ける音楽を作り続けた。とはいえ、別に嫌々やっていたわけじゃない。相手が自分を見込んで与えてくれた仕事に対し、全力で取り組むことにやり甲斐を感じていたんだと思う。

ロングライフを可能にした発明

――この当時の京平さんのお気に入りといえば、平山三紀《みき》（現・みき）も挙げられます。

近田　郷ひろみもそうだけど、声に唯一無二の特徴があるよね。京平さんは歌手の個性を判断する際に、歌の上手い下手よりも、どういう声を持っているかを重視していた気がするんだよ。努力して得たスキルよりも、もともと持っていた面白い資質をいかに活かすかに力を注いでいた。しばらく後でいうと、松本伊代もそのケースに当たる。

――キャリアの初期においてはほとんどの楽曲において作曲と編曲を兼ねていた京平さんですが、昭和40年代後半、西暦でいう70年代に突入すると、あまりに多忙だったからか、編曲を他のアレンジャーに委《ゆだ》ねることが増えてきます。

近田　俺、京平さんに直接聞いたことがあるんだよ。他人に編曲を任せてる場合は手を抜いてるのかって。そしたら、「違うわよ」と返ってきた。例えば、郷ひろみの「よろしく哀愁」みたいにうんと歌謡曲っぽいテイストを求めていたら森岡賢一郎さんにオファーするように、適材適所の人選をしていたんだよ。この人なら自分よりもいい仕事ができると予想されるなら、迷わず席を譲るんだ。

――昭和40年代後半において、京平作品の編曲を手がけたアレンジャーは、高田弘、馬飼《まかい》野《の》康二《こうじ》、穂口雄右《ほぐちゆうすけ》といった名前が挙げられます。

近田　ちなみに、京平さんが編曲だけをやったケースもごく稀にあるんだよ。シングル曲で言うと、かまやつ（ひろし）さんが作曲したスパイダースの「真珠の涙」（作詞：橋本淳／昭43）、井上忠夫さんが作曲したブルー・コメッツの「草原の輝き」（作詞：橋本淳／昭

43）、そして、佐藤寛さんが作曲した野口五郎の「私鉄沿線」（作詞：山上路夫《やまがみみちお》／昭50）「むさし野詩人」（作詞：松本隆／昭52）。佐藤寛さんは、野口五郎の実のお兄さんだね。

――この時期の京平さんのサウンドの特徴というと？

近田　70年代の京平さんの曲を聴くと、イントロが始まった瞬間にワクワクするのよ。そして、その後パッと出てきた第一声の日本語の響きがたまらない。この構造は、京平さんが築き上げた一つの揺るぎないモデルだと思うんだよ。この時代、特に女の子のアイドルの曲をずっと書いていく中で、これが大きなセオリーとして整理されていった。そのことが、その後の京平さんのロングライフにつながったんだと思う。

――それまでの歌謡曲にはなかった、ある種の発明なんですね。

近田　うん。和製ポップスと呼ばれる分野も登場したとはいえ、やっぱり、従来の歌謡曲は、純然たる言葉の文化だった。分かりやすい例を挙げれば、その昔、歌謡曲評論家を名乗った人たちって、大抵はスポーツ新聞の芸能記者上がりで、つまりは音楽についてはまったく分かんなかったわけよ。ただ詞の世界だけを論じていた。

俺が京平さんにハマっちゃった理由

近田　京平さんは、日本語の官能性を、音楽の持っているフィジカルな快楽と合体させたのよ。特に編曲技術の面でそれが顕著。昔は、歌謡曲を聴いて、アレンジの魅力に耳が引きつけられることって少なかったんだよ。

――なるほど。日本語の魅力を生かし、ポップスのフォーマットにのせたわけですね。

近田　口語言語としての日本語は、英語のような強弱アクセントじゃなく、高低のアクセントを持っている。だから、抑揚がすごく大事。洋楽、特にロックの場合は、一番と二番で多少旋律が違っても、ビートが心地よきゃＯＫみたいなところがあるじゃない？　でも、イントネーションが重要な日本語では、それがやりづらい。もう一つ、日本語の歌の心地よさは、母音にある。歌において母音は、音を割と長く伸ばす部分に当たるわけ。それを魅力的に聴かせることを意識して、しかも洋楽的に聴こえさせるというのは、一種、無理のある相談なんだよ。京平さんは、そのハードルを越えて日本における洋楽的音楽を作ることにトライしていた。専門家としてこの難題をクリアすることに伴って生まれる快感が、この時期、京平さんの中でどんどん高まっていったんじゃないかと思う。

――さぞかし、ドーパミンが大量に放出されてたことでしょうね（笑）。

近田　京平さんは、その官能性において、一般のリスナーを決して失望させることがなかった。一方では、同業者に対する無言のアピールも怠らなかったんだ。同時代の日本で歌謡曲を作っていた作曲家なり編曲家なりというのは、基本的に譜面が読めて、洋楽を聴いてた人じゃない？　京平さんは、どれだけ分かりやすく聴こえる曲を書こうと、その根底には、厳然たる楽典的な素養と最新の洋楽に関する該博な知識があった。その事実を、常に同業者に知らしめていたわけ。俺なんかは、そこにすっかりハマっちゃったのよ。

――京平さんといえば、洋楽の引用も得意ですよね。

近田　京平さんの楽曲は、基本的にゼロから生まれるものではなく、何かにインスパイアされるところから始まることが多い。70年代の外国の楽曲には、換骨奪胎《かんこつだったい》して歌謡曲に置き換えたくなるような魅力的な作品がすごくいっぱいあったんだよ。だから自分は、「京平さんは、次はどんな曲をどうやって料理して、日本風に仕上げてくれるのかな」と楽しみにしてたもんだよ。

――70年代半ばになると、京平さんはディスコサウンドを大胆に導入します。

近田　京平さんは、ど真ん中の黒人音楽は趣味じゃなかったと思うんだ。ディスコというジャンルそのものに関しても特別な思い入れはなくて、フィラデルフィア・インターナショナルやサルソウルといった米国のレーベルの作品におけるスコアの新しさに惹かれたんじゃないかな。つまり、四つ打ちのビートじゃなくて、ストリングスなどの装飾の部分ね。

――「ソウル・トレインのテーマ」（1974年）に代表されるサウンドですね。

近田　作曲家でいうと、（ケネス・）ギャンブル＆（レオン・）ハフやトム・ベル、バリー・ホワイト、ヴァン・マッコイ。この時期のソウルやディスコは、白人受けする透明感を湛《たた》えた音楽に変化してきていた。それ以前の黒人音楽はそのルーツとなるブルースに近かったから、ブルーノートと呼ばれる特有の音階を使ったりして、音が濁るものだったのよ。しかし、70年代を迎えて以降の黒人音楽は、白人リスナーの趣味嗜好を意識することでそのマーケットを拡大していった。例えば、黒人女性トリオであるスリー・ディグリーズの「荒野のならず者」（1973年）という歌があるけれど、あれは、それまで熱心にソウルミュージックを聴いてきたリスナーからすれば、白人の音楽にしか聴こえない。

邪推が及ばないほどの音楽的な懐の深さ

――昭和50年になって、京平さんはスリー・ディグリーズの日本限定発売シングル**「にがい涙」**（作詞：安井かずみ）の作曲を手がけます。また、翌51年には、Dr.ドラゴン＆オリエンタル・エクスプレスという架空のバンド名義で、ディスコ全開のインストゥルメンタル作品を発表します。そのデビュー曲**「セクシー・バス・ストップ」**は、後に、浅野ゆう子によるヴォーカルを加えたカバー盤（作詞：橋本淳）もヒットしました。

近田　角度を変えて考えてみると、京平さんは向こうのディスコサウンドからインスピレーションを受けたんじゃなく、「あ、これは自分たちのやってることと同じじゃない？」と気づいたのかもしれない。時代が後になればなるほど、その感触は強まったんじゃないかな。洋楽から新しい何かを採り入れるというより、「あれは僕がやってたことと同じじゃない？」という確認のために洋楽を聴くようになったと思うんだよ。

「セクシー・バス・ストップ」

「にがい涙」

――京平さんに影響を与えた洋楽レーベルとしては、A&Mの名前もしばしば挙げられます。バート・バカラックをはじめ、ハーブ・アルパート&ティファナ・ブラス、セルジオ・メンデス、そしてカーペンターズなどが所属していました。

近田　あのレーベルのスタイルは、京平さんの中に一種のリファレンスとしてずっと存在していたと思う。京平さんはソウルミュージックが好きだったと指摘する人がいるけれど、俺、やっぱりそれはないと思うのよ。ヨーロッパのクラシック音楽の和声が持ってる、あの透明な響きこそが好きだったはずだから。そういうものとビートの融合という意味では、Ａ＆Ｍのサウンドは一つの完成形といえるよね。

――ニック・デカロやトミー・リピューマなど、あのレーベルに拠ったアレンジャーやプロデューサーのサウンドの洗練ぶりは、京平さんと共鳴しますね。

近田　今、俺らはこうやっていろいろと京平さんの引き出しの中身を勝手に想像しているわけだけど、あの人の音楽的な懐の深さは、我々の邪推が及ぶレベルじゃないんだよ。作品の形で表に出てきたものは、そのうちのほんのわずかな上澄みでしかない。言ってみれば、北京ダックの皮ぐらいの感じがするね。

――じゃあ、我々リスナーは肉を食べてないんだ（笑）。

近田　北京ダックはもともと皮しか食べないんだけどさ（笑）。肉はテーブルに出てこないのよ。それは、皮がすでにいろいろな滋養を吸収しているからできる贅沢なもてなしでさ。その内側に秘められたものの豊かさを想像しながら、じっくりと味わうのが楽しいわけよ。

第3章　快進撃（1976〜1979）

深まる京平さんとの付き合い

――近田さんが京平さんの知遇を得たのは、昭和51年のことですね。

近田　その頃の俺は、近田春夫&ハルヲフォンというグループで活動していたのよ。一応ロックバンドだというのに、そのメンバー全員が筒美京平の歌謡曲に夢中だった。移動の車中では、カーステレオで郷ひろみや平山三紀を大音量でかけてさ（笑）。

――実は、ＧＳブームが終焉して以降、近田さんの中では歌謡曲に対する興味が薄れていたんですよね。ここに来て、改めて歌謡曲にハマったきっかけは？

近田　当時仲良くしていた、カメラマンの小暮徹さんとファッションデザイナーだったこぐれひでこさんの夫妻が歌謡曲マニアでさ。彼らの家を訪ねると、いつも歌謡曲がガンガンに流れている。気になる曲のクレジットを確認すると、やっぱり筒美京平と記されていることが多くてさ。

――久しぶりに、筒美京平という名前を再認識したわけですね。

近田　そして、ハルヲフォンがシングル「恋のT.P.O.」（昭51）をリリースするタイミングで、初めてご本人にお会いすることになったのよ。というのも、この新曲は、京平さんが作曲した郷ひろみの「よろしく哀愁」（昭49）のパロディから始まる楽曲でさ。俺なりの京平さんへのオマージュが込められてたわけ。そしたら、当時ハルヲフォンのディレクターだったキング（キングレコード）の井口良佐《りようすけ》さんが京平さんに紹介してくれることになった。井口さんは、京平さんの青学の後輩だったからね。「恋のＴ．Ｐ．Ｏ．」のミックスダウンを終えた俺は、その音源を手に、井口さんに連れられ麻布にあった京平さんの仕事場を訪ねたんだ。

――「恋のＴ．Ｐ．Ｏ．」を聴いた京平さんの反応は？

近田　ニコニコ笑って、「面白いんじゃない？」って言ってくれたよ。初対面にもかかわらずあんな曲を聴かせるんだから、今考えてみれば、俺もいい度胸してたよな（笑）。

――その後、京平さんと近田さんは急速に距離を縮めます。

近田　昭和52年には、俺はソロ名義で「ロキシーの夜」というシングルを発売する。その作曲を、恐れ多くも京平さんに依頼したんだよ。あの曲の元ネタは、アトランタ・リズム・セクションの「ソー・イントゥ・ユー」（１９７７年）。

――その名の通り、米ジョージア州出身のこのバンドはサザンロックに分類されますが、一方ではＡＯＲ（大人向けのロック）に接近した都会的な側面も見せる。「ソー・イントゥ・ユー」は、その路線を代表するスムーズな楽曲と言えますね。ビルボードでは7位まで上昇しています。

近田　それにしても、日本ではさほど知られていなかった。よくそんなところからネタを拾ってくるもんだなと感心したよ。

――さすがですよね。京平さんに関しては、ビルボード上位のシングル盤を原宿の竹下通りにあった「メロディハウス」という輸入レコード屋を通じて常に丸ごと取り寄せていたという話が、伝説的に語り継がれています。

吉田拓郎の登場に抱いた危機感

近田　その後、京平さんと仲良くなってから、何度か一緒に旅行する機会があったんだ。二人とも当時発売されたばかりのウォークマンを持参していたから、飛行機の中でお互いのカセットを交換して聴いてみたのよ。驚いたね。京平さんのテープには、最新の洋楽のヒット曲がたくさん収められているんだけど、どの曲もどの曲も、イントロから一番のサビまでいったところでプツンと切れている。すなわち、曲作りの資料と割り切ってるわけ。本物のプロってのはすごいもんだなと戦慄しましたよ。

――近田さんと京平さんが知り合った頃、つまり70年代後半の歌謡界は、沢田研二、山口百恵、ピンク・レディーの三強が鼎立《ていりつ》する状態でした。ところがこの当時、京平さんはこの3組には楽曲を提供していないんですよね。

近田　意外なことに、時代の王道中の王道には関わっていないことが多いんだよ。80年代でいえば、松田聖子と中森明菜にも書いていない。さまざまな事情がその結果を導いたんだろうとは思うけどね。でも、沢田研二のようにストレートなスターよりも、郷ひろみみたいにちょっとキッチュなアイドルの方が、京平さんならではのオリジナリティの依《よ》り代《しろ》には適してたんじゃないかな。

――その他にも、女性では桜田淳子、麻丘めぐみ、浅田美代子、男性では野口五郎、西城秀樹と、主だった70年代のアイドルには軒並み楽曲を提供しています。

近田　しかも、曲調が一人の人間だとは思えないぐらい多彩だからすごいよね。

――70年代は、歌謡曲が黄金期を迎えた一方で、フォークやニューミュージックが興隆した時代でもありました。

近田　京平さんは、どんな時代も、新しいムーブメントに対しては脅威を感じてたのよ。俺が最初に京平さんに会った時、「今、気になってる作曲家やアーティストはいるんですか」と尋ねたら、開口一番、「それはもう吉田拓郎さんですよ」と答えてさ。本当にびっくりしちゃったよ。

――確かに、それは予想だにしない回答ですよね。

近田　理由を聞いたら、「だって、ああいうのは僕、書けないもの」だって。「そんなことありませんよ。京平さんはどんな曲だって書けるじゃないですか」と返したんだけど、「違うのよ、そういうことじゃないのよ」と強調する。フォークやニューミュージックの自作自演アーティストの楽曲に似た作品は書くことができても、その根底にある音楽との関係性みたいなものを自分は有していないことを認識してたんだろうね。その部分で、「自分の感性が古くなっていったらどうしよう」という危機感を覚えていたんだと思う。

――頂点に立ったチャンピオンゆえの孤独感ですね。巨匠の座を揺るぎなく固めた手塚治虫が、それでも若い漫画家たちに対してライバル心を抱き続けていたという逸話に通ずるものがある。

近田　俺に親しくかまってくれたのも、それまで付き合いのあった同業者とは違う人種ゆえの新鮮さを求めてのことだったのかもしれない。

太田裕美、庄野真代、桑名正博

——しかし、傍《はた》から見る限りでは、フォークやニューミュージックの攻勢を受けた京平さんは、痛烈なカウンターパンチを相手に食らわせていた印象があります。フォークに対しては太田裕美《ひろみ》の作品、ニューミュージックに対しては庄野真代や大橋純子の作品で、そのジャンルにも通用する職業作曲家としての実力を見せつけていた。

近田　そこに矜持《きょうじ》がある。京平さんは決してそんな言い方はしないけど、「俺だって作れるよ」ってことだよね。実際、ちょちょいと仕上げてしまうし、さらなる量産すら可能。もう、本当の横綱相撲を見る思いがする。

——さっき聞いた苦悩は苦悩として、やればできちゃうわけですもんね（笑）。70年代半ばからは、細野晴臣さんや大瀧詠一さんらとともにはっぴいえんどというバンドで活躍していた松本隆さんが作詞家に転身し、京平さんの新たなパートナーとなります。

「木綿のハンカチーフ」

近田　松本さんについては、やっぱり太田裕美の**「木綿のハンカチーフ」**に尽きるね。本当に見事な曲だと思う。ただ、個人的には、太田裕美から斉藤由貴へと連なる系譜よりも、郷ひろみや平山三紀

「セクシャルバイオレット No.1」

みたいな方向性の曲が好きなんだよ。ビート感を含めてさ。

――昭和50年にリリースされたこのシングルは、太田裕美、松本隆、筒美京平、三者のいずれにとっても代表作となっています。また、松本さんと京平さんの組み合わせは、桑名正博の**「セクシャルバイオレットNo.1」**（昭54）というロック寄りの大ヒットも生んでいる。このタッグは、音楽性の幅がとても広いのが特徴ですよね。

近田　桑名正博に関しては、キャロルと並び称されたロックバンド、ファニー・カンパニー出身のシンガーが筒美京平の書いた楽曲を歌うというだけで、その意外性がものすごく話題を呼んだよね。当時、フォークやニューミュージック、それからロックのミュージシャンにとって、やっぱり歌謡曲は仮想敵だったからさ。

――松本さんは、ロックミュージシャンから歌謡曲の作詞家に転身したら「芸能界に魂を売った」と非難され、潮が引くようにそれまでの友達が離れていったと嘆いていましたね。

近田　そのぐらい、ロックと歌謡曲の間には溝があったのよ。

アレンジャーの差配で生き残る

――昭和52年秋、近田さんは「オールナイトニッポン」火曜第2部のパーソナリティーに抜擢され、同番組でひたすら歌謡曲をかけまくることになります。

近田　今でこそ、洋楽に詳しいリスナーが同じスタンスで歌謡曲について語ることもごく普通になったけど、当時、そんな風潮は微塵《みじん》もなかった。京平さんだって、今みたいに偉大な存在として論じられることはなかったよ。

――あくまでも歌謡曲という大衆向け商売の世界における職人的ヒットメーカーという留保付きの評価であって、シリアスな文脈で才能が語られることは少なかったと。

近田　そうなのよ。その世間の無理解に関してはずっと歯がゆい思いをしてきた。

――この辺りの時期から、京平さんが起用するアレンジャーは、第2世代に移行します。萩田光雄さん、船山基紀《もとき》さんの2人がその中心となる。

近田　どちらも、ヤマハ音楽振興会の出身だよね。音楽業界における人材育成の方法が、だんだんシステマティックに整備されてきたんだろうな。

――ええ。この少し後に台頭する大村雅朗《まさあき》さんも含め、ヤマハはアレンジャーの世界における重要な人材供給源となります。

近田　この時代になると、歌謡曲の世界においても、強烈なメロディーよりサウンド全体

「飛んでイスタンブール」

の景色みたいなものが重視されるようになっていく。京平さんはそれを見越して、いち早く自らの作風を意識的に転換していったように思う。従来の歌謡曲にあった泥臭さを薄め、洒落たサウンドに似合う楽曲を作る方向にシフトしたわけよ。

――その意図が、編曲家のチョイスにも表れているんですね。京平さんは、正統派のアレンジは萩田さんに、ケレン味を要するアレンジは船山さんにオファーしたといいます。

近田　その見事な差配ぶりこそが、同世代の作曲家たちに大きな差をつけ、彼らを置き去りにする形で80年代も生き残ることができた理由なんだと思う。

――人選そのものがアレンジの一環だったと表現することができる。この時期の筒美作品で言えば、萩田さんは太田裕美の一連の作品、船山さんは庄野真代の**「飛んでイスタンブール」**（作詞：ちあき哲也／昭53）が代表作として挙げられます。

近田　京平さんは、ちょっと目先を変えてみようかなと思って新人のアレンジャーをピックアップすることもあったんだけど、1、2曲だけの起用で終わることも多かった。お眼鏡に適《かな》わなかったんだろうね。自分の世界をそれ以上に広げてくれる仕事を求めるからさ。

——近田さんは、昭和56年にリリースされた山下久美子の「とりあえずニューヨーク」で、京平さんの楽曲のアレンジを手がけています。

近田　その曲、作詞も俺なんだよ。作曲だけ京平さんで、作詞と編曲が同一人物ってなかなかないケースだよな（笑）。

——調べてみると、昭和58年の稲垣潤一「エスケイプ」が同じパターンらしいです。作曲は京平さんで、作詞と編曲が井上鑑《あきら》さん。

近田　あ、俺以外にもいたんだ。井上鑑、詞も書くんだね。ちなみに、「とりあえずニューヨーク」以降、残念ながら京平さんから俺に編曲の依頼は来なかったよ（笑）。

作曲は「鶴の恩返し」のイメージ

——編曲において分業を進めていた京平さんですが、ここぞというところでは自らがアレンジを行い、そのまったく衰えぬ手腕を見せつけました。その最高峰が、流麗かつ重厚なオーケストレーションを施したジュディ・オングの**「魅せられて」**（作詞：阿木《あき》燿子／昭54）。

「魅せられて」

近田　あれだけいろいろな生楽器の音を重ねたゴージャスなレコーディング、予算が激減した今のJポップじゃ絶対に実現不可能だよ。

――この時代、歌手のバックバンドのあり方も変化します。それまでは、歌番組には決まって座付きのフルバンドがいて、どんな出演者のバッキングも彼らが行っていた。ところがこの頃から、歌手が専属のバックバンドを従え、その伴奏で歌うことが増えていった。

近田　沢田研二さんを支えた井上堯之《たかゆき》バンドがその先駆けだね。ああいうロックコンボが主流になると、アレンジ自体も、ホーンやストリングスを交えた重厚なものは避けられるようになる。仮にレコードでは本物の管弦がフィーチャーされていたとしても、技術の進歩によって、シンセサイザーでそれらの楽器を代用することもできるようになっていたし。

――ちなみに、編曲に際して京平さんから手渡されるデモテープって、一体どんな内容だったんですか。

近田　ベーシックなアレンジは、すでにデモ音源の時点で表現されてるんだよね。イントロのフレーズとか、全体の構成であるとか、この辺にはこんな音を入れるであるとか。

――京平さんが一人で多重録音してるということですか。

近田　そう。エレピ（エレクトリックピアノ）と簡単なシンセサイザー、それからリズムボックスで音を重ねてたね。

――そういうデモテープにおいては、主旋律を作曲家自身が歌うことも多いじゃないですか。詞《し》先《せん》ならその歌詞を、曲先《きょくせん》ならラララやインチキ英語で歌ってみせたりして。

近田　京平さんは歌わない。あの人は、他人に自分の歌声を聴かせることは絶対ないから。

――じゃあ、ガイドとなるメロディーは、民生用のカラオケみたいな感じで、キーボードか何かで奏でられているというわけですね。

近田　エレピだったね。京平さんが歌っている姿って、まったく想像できないのよ。京平さんとよく会っていた当時、俺は、自分の住んでたところに楽器を置いてなかったから、作曲も編曲も全部頭の中で行って、それを採譜してたわけ。その話をしたら、京平さんが「えっ、そうなんだ？」と言ってニヤニヤしてる。その表情からふと、京平さんはピアノを弾きながら声を出して作曲してるんだってことが伝わってきたんだよ。

――意外でした？

近田　俺はさ、京平さんも、バカラックよろしく、鍵盤に触れることもなく脳内ですべて曲を作り上げて、それを五線紙に写し取るタイプなんだと信じ込んでいた。生々しい肉体的な作業を行うイメージは皆無だったんだよ。ところが、さっき言ったやり取りから、そうではないらしいことが分かった。考えてみれば、京平さんの楽曲の魅力は、実際に声を出して歌った時のフィジカルな快感に頼るところが大きい。

――近田さんが再三言うところの、発声における官能性ですよね。

近田　それを試行するために、京平さんは自分で歌うという実験を繰り返しながら曲を作っていたんじゃないかという結論に至った。一見クールな、汗もかかないような印象を与える京平さんが、実は生みの苦しみを経ていたんだなと。「鶴の恩返し」のイメージだよね。聴き手の与《あずか》り知らぬ障子の向こうで、鶴は自分の羽を抜いて機《はた》を織っていたんだ。

第4章　アイドルそしてジャニーズ（1980～1989）

松田聖子と中森明菜に楽曲提供がない

――80年代に入っても、京平さんの快進撃は続きます。

近田　この時代になると、ロックの影響かもしれないけど、アイドルやってる人たちにも「自分は何で歌うのか」っていう自意識が芽生えてくるんだよ。だんだん、職業作家の先生方から有難く曲をいただくっていうより、コラボレーションを行っているという感覚が先行するようになる。まあ、俺に言わせりゃ、かなり恐れ多いことなんだけどさ（笑）。

――アイドルにもアーティストとしての自覚が生まれたわけですね。

近田　つまり、曲と歌い手の間に乖離《かいり》を生じさせないことが求められる。そこに誠実な形で歩み寄ったことは、その後の京平さんにとって本当に重要だったと思う。

――すでに名を成した大家にとっては、その意識の更新はなかなか難しいですよね。

近田　新しいもの、若い人たちが興味を持つものに対する貪欲な好奇心が、京平さんは際立って強かった。80年代になると、京平さんと同世代の作曲家は、流行から脱落していく。例えば、平尾昌晃《まさあき》さんとか、中村泰士《たいじ》さんとか、うんと若い頃にはビートの強い楽曲を書いていた作曲家も、齢《よわい》を重ねるに従って、抒情に満ちあふれた渋いバラードに走ってしまう。「日本の心」みたいなものを掲げたりしてさ。

——平尾さんも中村さんも、元来はロカビリー歌手ですね。往年は、エッジの立った最先端の音楽に挑む気概とともにキャリアを開始していた。

近田　若い頃こそ洋楽的なアプローチを行っていたけど、齢を取ると新しいインプットが少なくなるから、元来心の中に潜んでいたしみじみとした日本的な要素が沁み出してくる。そもそも、皮膚感覚的に洋風の音がカッコいいと感じてこの世界に入ってきたわけで、アカデミックな意味で洋楽の構造に興味を抱いていたんじゃないわけ。そうすると、自分の内面においてカッコいいと思う対象が、いつの間にか和風のものに置き換えられていく。それが、この国におけるある程度大成したヒットメーカーの常道的な歩み方だったんだよね。

——まあ、ある種の政治家や批評家にも散見される、保守回帰の現象ですね。

近田　だけど京平さんは、すでに血肉化したものよりも、構造的に新しいものに対する興味の方が勝っていた。この点に関しては、本当に稀有《けう》な存在だよ。

——80年代の筒美京平を語る上で、松田聖子と中森明菜に楽曲を提供していないという事実は非常に重要だと考えられます。

近田　松田聖子に関してはさ、ＣＢＳ・ソニーの社内的な事情があったんじゃないかな。プロデューサーが別だったからさ。若松宗雄さん率いる彼女のプロジェクトは、郷ひろみを手がけていた酒井政利さんのチームへの対抗意識があった。だから、京平さんを敬して遠ざけたんじゃないかと。

――京平さんの盟友である松本隆さんが松田聖子のプロデューサー的な位置に立っていながら、京平さんには作曲を依頼しなかったんですよね。

近田　やっぱり、あそこで京平さんにオファーしちゃうと、一世代前、70年代のアイドルのドメスティックな匂いがついちゃうから、それを避けた部分はあるんだろうね。ただ、小田裕一郎が作曲したごく初期の楽曲には、京平さんに通ずるテイストが感じられる。だから、もしも聖子ちゃんが京平さんの曲を歌ったら、相性が合ったんじゃないかな。

松本伊代、早見優、河合奈保子、斉藤由貴

――松田聖子のシングルは、チューリップの財津和夫を起用した4枚目の「チェリーブラッサム」（昭56）以降、ニューミュージックやロックのシンガーソングライターに作曲が委ねられることとなります。そして、松本さんにとってはっぴいえんどの僚友だった大瀧詠一や細野晴臣を起用した楽曲はヒットを記録している。そこには、はっぴいえんどが商業的な成功を収められなかったことに対するリベンジ的な意識を感じるんですよ。

近田　中森明菜もそうだったよね。来生《きすぎ》たかおや井上陽水、玉置《たまき》浩二《こうじ》といったニューミュージック畑のアーティストに作曲を依頼することが多かった。

——中森明菜は後に、『歌姫』（1994年〜）というシリーズをはじめとするカバーアルバムを多数リリースするんですが、昭和の歌謡曲をたくさん取り上げていながら、なぜか京平さんの楽曲は桑名正博の「セクシャルバイオレットNo.1」だけ。筒美京平に対する思い入れはあまりなかったのかも。

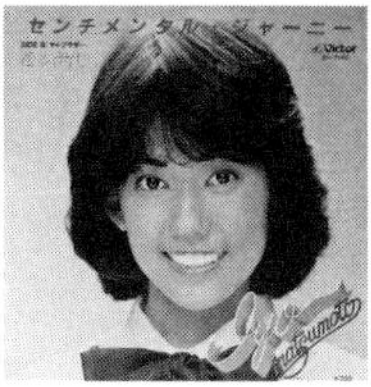

「センチメンタル・ジャーニー」

「夏色のナンシー」

近田　しかし、聖子と明菜に限らず、80年代を迎えると、いわゆる職業作曲家の活躍する場所がどんどん減ってくるんだよね。

——そんな中、京平さんは孤塁を守るがごとく、聖子・明菜を除く女性アイドルたちに次々とヒット曲を提供します。松本伊代の**「センチメンタル・ジャーニー」**（作詞：湯川れい子／昭56）、早見優の**「夏色のナンシー」**（作詞：三浦徳子《よしこ》／昭58）、河合奈保子の

「なんてったってアイドル」

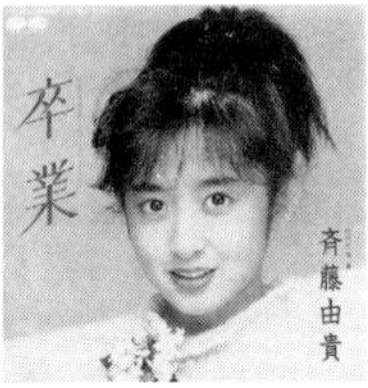

「卒業」

「エスカレーション」（作詞：売野《うりの》雅勇《まさお》／昭58）、柏原芳恵の「ト・レ・モ・ロ」（作詞：松本隆／昭59）、小泉今日子の**「なんてったってアイドル」**（作詞：秋元康／昭60）、斉藤由貴の**「卒業」**（作詞：松本隆／昭60）……。枚挙にいとまがない。

近田　とにかく粒揃いなんだよね。この辺りの楽曲で京平さんは、萩田さんと船山さんに続く第3世代のアレンジャーを起用し始める。

――この当時のクレジットでは、鷺巣詩郎、大村雅朗、武部聡志といったプロパーのアレンジャー以外に、佐久間正英、茂木由多加といったミュージシャンの名前も目にします。

近田　佐久間と茂木は、いずれも四《よ》人囃子《にんばやし》というプログレ色の濃いバンドの出身。俺、二人とも仲良かったのよ。シンセサイザーを上手く扱えるという意味で、重宝されたんじゃないかな。デジタルなポップスについては、餅は餅屋に任せたんだと思う。

――時代の変化に対する敏感さが、ここにもうかがえますね。

近田　そういや俺、つい最近になって、「センチメンタル・ジャーニー」の元ネタが何だったのか気づいたんだ。あれは、ギルバート・オサリバンの「アローン・アゲイン」（1972年）だよ。

――そんな有名な曲をネタにしてたんですか？　ちょっとにわかには共通性が浮かびませんが。サウンドのテクスチャーがまったく違うし。

近田　メロディーラインを注意深く解析してみると、納得できると思うよ。ぜひ、読者のみなさんもお試しください（笑）。しかし、松本伊代のあの風変わりな声は、まさに京平さん好みだよね。平山三紀、郷ひろみのラインに位置している。

作詞家・秋元康の登場

――80年代に入ってから、新たに組むようになった作詞家の一人が秋元康さん。京平さんとの最初の仕事は、昭和57年の稲垣潤一**「ドラマティック・レイン」**でした。

近田　稲垣潤一って、A&Mを代表するシンガーだったクリス・モンテスみたいな歌い方をするから、いかにも京平さん好みなんだよね。

「ドラマティック・レイン」

――70年代における大橋純子や庄野真代への提供楽曲と同様に、シティポップスの流行に対して京平さんが突きつけた回答というニュアンスも感じます。

近田　俺さ、秋元が売れてきた頃に京平さんと話してたら、「とにかく近田君のライバルは秋元君なんだから」って言われたのよ。意味が分かんなくてさ。だって、仕事のジャンルもスタイルも全然違うじゃん。

――秋元さんは、事あるごとに近田さんに対するリスペクトを表明してますよね。「近田春夫になりたい」とまで言っている。

近田　俺、秋元のことは、あいつが中央大に通いながら放送作家をやってた頃から知ってるのよ。俺が出てたニッポン放送の「タコ社長のマンモス歌謡ワイド」って番組の構成を手がけてたからさ。作詞家としてのあいつの才能は、ベタとメタを両方使いこなせるところにある。ベタなことを照れずにやることができるし、物事を俯瞰《ふかん》するメタな視点を持っている。

――「週刊文春」の連載「考えるヒット」では、秋元さんの歌詞を評して、結構辛辣《しんらつ》なこと書いたりもしてましたけどね（笑）。

近田　秋元とは、いまだに京平さんの存在を通じてつながっている感覚があるんだ。たまに会ったりすると、やっぱりどうしても京平さんの話題が上ったりするし。

――京平さんが、自分より若い面白そうな人材を拾い上げる際の基準は？

近田　職人としてのスキルの優劣よりは、その奥にある、次の時代を切り開く何かを持っているかどうかにあったと思う。常にアンテナは張っていたよね。自力でがむしゃらにチェックするわけじゃなく、弟の渡辺忠孝さんとか、信頼できるレコード会社のディレクターとか、そういう親しい人たちに「誰か面白い人いない？」って何となく聞いていたんだと思うけど。ひょっとしたら、自分もその末席を汚していたのかもしれない。

「スニーカーぶる～す」

「ギンギラギンにさりげなく」

ジャニーズ事務所との蜜月

――80年代の京平さんといえば、ジャニーズ事務所との蜜月を語らないわけにはいきません。田原俊彦と近藤真彦には、彼らのイメージを決定づける楽曲を提供しています。

近田　トシちゃんの声とマッチの声って、両極端ぐらいに個性が分かれるじゃない？　だから、あの二人がお互いの曲を取り替え

「君に薔薇薔薇…という感じ」

「抱きしめて TONIGHT」

っこして歌っても、あのよさは出ないんだよ。

——完全に当て書きですよね。

近田　マッチの方は、京平さんっぽさが薄い。**「スニーカーぶる～す」**（作詞：松本隆／昭55）にしても、**「ギンギラギンにさりげなく」**（作詞：伊《だ》達歩《てあゆみ》／昭56）にしても、まっすぐで荒いロック調じゃない？　それに比べてトシちゃんに書いた曲は、京平さんならではの女性性が生かされた柔らかいメロディーラインのものが多い。楽曲の構造としては、圧倒的にトシちゃんの曲の方が面白いんだよ。

——トシちゃんに京平さんが提供した楽曲というと、**「君に薔薇《バラ》薔薇《バラ》…という感じ」**（作詞：三浦徳子／昭57）「原宿キッス」（作詞：宮下智《とも》／昭57）などがあります。そして、彼の復活の引き金となったダンスチューン**「抱きしめて TONIGHT」**（作詞：森浩美／昭63）も筒美京平作品でした。

近田　やっぱり、トシちゃんは踊る人なんだよ。マッチはあんまり踊る人じゃない。柔らかくしなしなと踊れるトシちゃんと、荒くぶっきらぼうな所作のマッチ、その双方の個性に合わせて曲を書き分けられる筒美京平は大したもんなんだよ。クライアントが何を望んでいるのか、それを敏感に嗅ぎ分ける能力に長けている。

――言わば、プレタポルテではなく、オートクチュールのデザイナーなんですね。

近田　ちなみに俺は、「ギンギラギンにさりげなく」の元ネタは絶対に「愛のコリーダ」（1980年）だと確信している。両方のサビを歌ってみたら分かるよ。

――あの曲、クインシー・ジョーンズによるヴァージョンが有名ですけど、あれはカバーで、オリジナルは英国人ミュージシャンのチャス・ジャンケルの作品なんですよね。

近田　そう。俺が京平さんと旅に出て、例によってカセットを交換した時、チャス・ジャンケルのヴァージョンを聴かせたんだよ。「これ、カッコいいですから」と言い添えてね。その後しばらくしたら、「ギンギラギンにさりげなく」がリリースされた。一聴して、これは「愛のコリーダ」をヒントにしたなと感づいたよ。

――洋楽の換骨奪胎の手法が、ここに至って一段進化した気がしますね。

近田　70年代のそれは、誰が聴いても分かりやすい、あからさまな形を取っていたのよ。

――昭和47年に発売された欧陽菲菲《オーヤンフィーフィー》の「恋の追跡（ラヴ・チェイス）」（作詞：橋本淳）なんか、米国のブラスロックバンド、チェイスの「黒い炎」（1971年）のフレーズをほぼそのまんま使ってましたもんね。

近田　そもそも、曲名からして因果関係を隠そうともしていない（笑）。ところが、80年代を迎えると、パッと聴いただけでは分からない引用が増えてくる。その元ネタを突き止めることに、俺みたいな物好きの人間は苦心したのよ。

「仮面舞踏会」

――さっきの「センチメンタル・ジャーニー」みたいに、40年越しでようやく謎が解けるというケースすらあるわけですからね（笑）。

近田　とにかく、ポップスにおけるキャッチーという概念に関して、京平さんの中で整理が進んだんだと思う。以前なら何となく山勘を張っていたような局面でも、きちんと内面化された論理に基づいて石を置くことができるようになった。インスピレーションを受けた楽曲についても、かなりしっかりと咀嚼《そしゃく》し消化する余裕が生まれたわけ。

圧倒的な「仮面舞踏会」

――昭和60年には、京平さんの作曲した**「仮面舞踏会」**（作詞：ちあき哲也）を引っ提げ、少年隊がデビューを果たします。ジャニーズ事務所が、持てる力すべてを注いだ感がありましたね。

近田　デビュー曲の「仮面舞踏会」を聴いた時は、京平さん、脂が乗ってるなあとただただ圧倒されたよ。盆栽に喩《たと》えれば、見事な枝ぶりに感嘆するというかさ。

——まさに本寸法《ほんすんぽう》の仕事、という表現が似合う。トシちゃんにしてもマッチにしても、その楽曲には、ちょっと外したオフビートな部分があったじゃないですか。

近田　少年隊は、ど真ん中の直球なんだよね。しかも、３人組だから、メンバーそれぞれの魅力を不公平なく表現したり、振り付けのフォーメーションとの関連性も考えたりしなくちゃならない。書き手にとっては、非常に高度なスキルが求められるアーティストなわけ。少年隊というプロジェクトは、作詞家、作曲家、編曲家、そして歌い手を含めた一つのユニットとして、文句のつけようもないプロの仕事が貫徹されている。

——グループ名からして、正統な嫡子《ちゃくし》のイメージが強い。シブがき隊とか、光ＧＥＮＪＩとか、忍者とかには、ちょっとふざけた際物《きわもの》感があるじゃないですか（笑）。少年隊に関しては、ジャニー（喜多川）さんが本当にやりたいのはこれなんだなという本気度が感じられる。

近田　少年隊は、レコードにしても舞台にしても、二の線だもんね。

「Romantic が 止 ま ら ない」

「Lucky Chance をもう一度」

――少年隊のシングル曲では、「仮面舞踏会」の船山基紀さん、「君だけに」（作詞：康珍化《カンチンファ》／昭62）の馬飼野康二さんなどが、聴き手の印象に残る見事なアレンジを手がけています。

近田　今やだいぶ長いものとなったジャニーズの歴史の中でも、あの時代の少年隊の連作は大書されるべきものだったと思うよ。

――80年代の京平ワークスでは、C‐C‐Bも忘れることができません。アイドルとバンドのちょうど中間を狙ったようなキャラクターが絶妙でした。昭和60年にリリースされた彼らの出世作**「Romanticが止まらない」**（作詞：松本隆）は、中山美穂主演のドラマ「毎度おさわがせします」の主題歌。レコード会社のポリドール、音楽出版社の日音、そしてテレビ局のＴＢＳが手を携えたメディアミックスの成功例と言われていますね。

近田　京平さんはこういう曲も書けるんだ、という驚きがあったよね。もともとの自分の引き出しには入っていない手札も、注文さえ来ればパッと出してみせることができる。

――その後、**「Lucky Chanceをもう一度」**（作詞：松本隆／昭60）「空想Kiss」（作詞：松本隆／昭60）「元気なブロークン・ハート」（作詞：松本隆／昭61）と、彼らの新しいシングルが発表されるたび、京平さんの汲めども尽きぬクリエイティビティにハッとさせられたものです。

近田　常に、自分を更新していくんだよね。

第5章　未解明の本質（1990〜2020）

時代は「工房」から「工場」へ

――90年代に入ると、京平さんの創作のペースはスローダウンします。シングルのタイトルチューンとなる純然たる新曲の提供は、多くても、年にせいぜい10曲程度になる。

近田　この辺りから、何が何でもヒットチャートの1位を獲ってやろうというようなスタンスを改めたんだと思うよ。それまでがあまりに忙しすぎたわけだし。

――90年代前半は、アイドル冬の時代と呼ばれました。各プロダクションが自社に所属する年若い女性タレントを歌手として売り出すという従来のビジネスモデルが力を失い、アイドル＝シンガーという定番の図式が崩れ始めた。

近田　そこにも、京平さんの活躍の場が減った一因はあるのかもしれないね。

――そんな中でも京平さんは、西田ひかるや高橋由美子といった数少ない旧来型のアイドルに楽曲を提供しています。ただ、はかばかしいチャートアクションは収めることができなかった。久々にオリコン首位を獲得したのが、94年にリリースされた内田有紀のデビューシングル**「TENCAを取ろう！―内田の野望―」**（作詞：広瀬香美《こうみ》、川咲そら）。

近田　90年代以降の京平作品からは、それ以前の量産期とは違う、「本当はこういうことがしたかった」という意図が伝わってくるんだよね。是が非でもヒットを狙うことを念頭に置いたスタンスからは距離を置いた余裕を感じる。

――着地点が違うんですね。この時期、アイドル歌謡のシーンに元気が感じられなかった一方で、「イカ天」（ＴＢＳ系の深夜番組「三宅裕司のいかすバンド天国」の通称）などにシンボライズされる空前のバンドブームが沸騰します。

近田　バンドブームによって、ある種のアマチュアリズムが称揚される時代が到来したじゃない？　ひょっとしたら、その趨勢はユーミンやサザンオールスターズが人気を得た頃から準備されていたものだったのかもしれないけど、職業作家の書く隙のない楽曲よりも、どこか素人臭さの残るものの方が、世間のテイストに合うようになってきた。完成度の高さが忌避されるという傾向は、京平さんが同時代の流行からだんだん乖離していく現象を招くことになったようにも思う。

「TENCAを取ろう！―内田の野望―」

――90年代初めにおける自作自演のバンドブームが一息つくと、B'z、ZARD、WANDS、T-BOLAN、DEENといったビーイング所属のアーティストたちがチャートを席巻し始めます。当時大量出稿された、銀座じゅわいよ・くちゅーるマキやカメリアダイヤモンドのテレビCMを思い出させる名前ばかりです（笑）。

近田　あれは、京平さんに代表されるそれまでの歌謡曲の売り方のスキルを、ビーイングを率いる長戸大幸《だいこう》が極限まで洗練させたものだと思うんだ。

――京平さんの時代がまだ家内制手工業的な「工房」だったとすれば、その生産体制を「工場」の規模にまで発展させた感がありますね。機能的かつ効率的で、何よりの特徴として、作り手の顔が見えない。

近田　そこにあるのは、もはや、楽曲の魅力でも、アーティストの魅力でもない。ただ、がっちりと固められたシステムだけがあるんだよね。リスナーは、その中身がどんなものなのかについてはさして吟味せず、習慣的に購入してしまう。ニッセンとかディノスとか、通信販売のカタログを定期的に発送する仕組みみたいなものよ。

――ああ、活字の世界で例を挙げるなら、昔で言うところの「リーダーズ・ダイジェスト」に近いですね。

近田　とにかくコンスタントにリリースを続けることこそが何より重要で、納期などのスケジュールを、クオリティ以上に優先する。発売日至上主義なんだよ。だから、当時はまだ世の中に普及していなかったインターネットを利用していないだけで、思想としては今のサブスクリプションに近いんじゃないかな。

――一定の期日が来れば、レコード会社には、コンスタントにチャリンとお金が落ちる。

近田　このモデルのさらなる源流をたどると、アミューズを率いる大里洋吉会長が構築したファンクラブのシステムに行き着くと思うんだ。

小室哲哉への王権交代

――大里さんはもともと、渡辺プロダクションでキャンディーズのマネジメントを手がけていました。当時の彼女たちには、「全キャン連」なる略称で知られる全国キャンディーズ連盟という熱狂的なファン団体がついてましたよね。

近田　ファンクラブ組織を強化することで、リスナーは、ただレコードを買うだけであっても、個々の作品に対してお金を費やすという感覚よりは、アーティストそのものに投資を行っているという気持ちを抱くようになる。一度そういう方向にファンを導いてしまえば、彼らはもう、そう簡単にアーティストを裏切らない。このノウハウを徹底的に突き詰めたのが、ＡＫＢ48をはじめとする女子アイドルのビジネスなわけでしょ。

――握手券や総選挙を通じて、ファンの忠誠心を試しますもんね。

近田　大里洋吉が生み出し、長戸大幸が合理化を進めたシステムを、しばらく経って秋元康が完成させたってことよ。ただ、あそこまで至ると、悪貨が良貨を駆逐するという譬《たと》えじゃないけど、業界全体があのシステムを採り入れないと回らなくなっちゃった。

――90年代半ばには、ビーイングを超える巨大な一群がＪポップの世界を襲います。それが、小室哲哉がプロデュースを手がけたアーティストたち。日本における作曲家別のシングルのセールス枚数でいうと、1位が京平さん、僅差で続く2位が小室哲哉となる。どちらも、総計７０００万枚以上の売上を記録しています。

近田　それまで京平さんが担ってきた時代の音を作るという役割を、小室哲哉が取って代わった感がある。ただ、ＴＫというとサウンドをもって語られがちなんだけど、結局、あの人は詞の人なんだよね。

――彼は作詞、作曲、編曲のすべてを行うけれど、肝は作詞家としての部分だと。

近田　日本のポップスのマーケットの主眼が、歌詞によって共感を得る方向にシフトしていった気がするんだ。

――カラオケボックスの普及によって、歌の消費の仕方が「聴く」のみならず「歌う」にまで広がってゆき、その結果として歌詞の重要性は上がったともいえます。

近田　ＴＫ以前は、職業作家が工夫を凝らしたメロディーやサウンドを含めてリスナーを魅了していたのが、ＴＫ以後は、また昔の歌謡曲に逆戻りした。そう言い切ると微妙に眺めは違うけど、何よりまず言葉で訴求を行うようになった。

――最盛期のＴＫはものすごい濫作ぶりだったから、詞をきちんと彫琢《ちょうたく》する余裕もなく、パッと出てきた言葉をそのまんまメロディーにのせているという印象を覚えもしました。それがいかにも生の本音っぽいとして、聴き手の共感の対象になったのかもしれない。

近田　まあ、プロが推敲《すいこう》を重ねて仕上げた歌詞とは違うよね。意地悪な言い方をすると、意味がよく分からない雑な言葉の連なりだったとしても、気持ちの勢いで何となくニュアンスが通じちゃったりする。音楽との接し方が刹那的になってきたから、詞の内容をよく吟味して、「それって、何か矛盾してるんじゃない？」と疑問を呈するスタッフもリスナーも、もういなくなっちゃってたんだろうね。

――ＴＫの場合、詞と曲が同時に浮かぶのかどうかは知りませんけれど、とにかく、両方同じ人が作ってるから、ワンクッション置いて立ち止まる機会はないでしょう（笑）。

近田　そうなんだよ。ポピュラーミュージックの歴史をさかのぼって考えてみると、60年代前半までは、詞も曲も、職業作家が分業で作るものだった。そこにビートルズが登場し、シンガーソングライターが進出し、同一人物が詞も曲も書くというスタイルが主流になった。筒美京平から小室哲哉へというヒットメーカーの王権交代は、英米に後れること30年ほどで、ソングライティングの中核的座組みが変わったということを意味するのかも。

――実は、まだまだ文化的には海の向こうとは格差があったんですね。

ヒップホップの席巻

近田　さっき、京平さんはビートルズの影響をほとんど受けていないと言ったよね。それ以降のロックに関しても、そこから音響的な新しさやディテールの面白さはその都度採り入れているけれど、職業作曲家としてのスタイルそのものは、ビートルズ以前のそのあり方から、決して脱することがなかった。

――小室ファミリーのブームは、99年頃から潮が引くように失速します。

近田　TKは、つまりヒップホップに対応できなかったんだよね。TRUE KiSS DESTiNATiONというユニットを結成し、メアリー・J・ブライジみたいなヒップホップソウルを目指したものの、ビートの解釈などの部分で、今一つその本質を摑《つか》みかねた。

――ヒップホップの影響がブラックミュージックに浸透して以降、ソウルやR&Bと呼ばれてきたジャンルも、そのスタイルが一新されましたね。

近田　そう。ループを基本とした繰り返すビートに言葉をのせるわけだから、ヴォーカルは必然的にラップに近くなり、あまりメロディアスではないものになってしまう。すると、旋律のもたらす快感よりは、歌詞の表す意味の方が前面に押し出されてくるようになるわけ。そう考えてみると、ラップってフォークと一緒なんだよ。私小説みたいなもので、等身大の言葉を、さほど旋律に頼らず綴っていくわけだからさ。

――そういや、80年代から90年代にかけては、近田さんもラッパーやってましたよね。

近田　今になってよく分かったよ。そのフォークっぽい性向が俺に合わなかったんだよ。だから、ある日あっさり辞めちゃったわけよ（笑）。

――京平さんは、ヒップホップをはじめ、ハウスやテクノといったダンスミュージックに関しては、キャッチアップすることがありませんでしたね。

近田　京平さんにとってのダンスミュージックは、やっぱりどこまで行ってもディスコなんだ。だから、ディスコの発展形といえる80年代末のユーロビートとは相性がよかった。

――ストック・エイトキン・ウォーターマンというプロデューサーチームが手がけたカイ

「ABC」

リー・ミノーグやバナナラマが、ユーロビート勢の代表。京平さんの作品では、少年隊の「ABC」（作詞：松本隆／昭62）や田原俊彦の「抱きしめてTONIGHT」が好例ですね。どちらも船山基紀さんがど派手なアレンジを施しています。

近田　ユーロビートというぐらいでヨーロッパ由来の音楽だから、その基本にはクラシックがあって、そのハーモニーには透明感がある。黒人音楽の要素が薄いんだよ。

――小室哲哉にはダンスミュージックの人だというパブリックイメージがついて回りますが、実はそうじゃない気がするんですよね。少なくとも、90年代以降のミニマルなクラブミュージックに適性があったとは思えない。プログレとか、あの手のゴテッとしたデコレーションの多いロックでこそ本領を発揮するタイプなんじゃないかと。

近田　確かに。元来、ビートから曲を作る人じゃないんだよね。

小室哲哉はシステム、筒美京平はフィルター

――筒美京平と小室哲哉、時代を画したその二人の作風は、どういう形で後進に影響をお

よぼしているんでしょうか。

近田　21世紀に入って以降の作曲家は、そのコード進行や展開に関して、小室哲哉の重力圏にいる人が多い。自らがパフォーマーとしてステージに立つタイプじゃなく、一人でアニメ関連の楽曲を書いていたりする職人的なタイプによく見られるんだけどさ。

――ＴＫの音楽は、どんなところが特徴なんですか。

近田　サビの手前での急な転調とか、譜割りにおける16分音符の扱いとか、いかにもＴＫらしいパターンは、研究すればコピーすることが可能なのよ。

――京平さんに関しては？

近田　あの人の音楽には、実は簡単に真似し得る「らしさ」がなかなか存在しない。なぜなら、筒美京平というのは、どこまで行っても一つのフィルターだから。ある音楽を、筒美京平を通して濾過《ろか》するとこうなる、というシミュレーションの形で曲を作ってるからさ。そこに、筒美京平という実体は存在しない。摑んだと思っても、その腕からスルッと逃げていく。小室哲哉がシステムだとしたら、筒美京平はフィルターなんだよ。

――90年代における京平さんの仕事では、いわゆる渋谷系のアーティストとのコラボレーションも記憶に残ります。あれは、クラブＤＪらの発掘した過去の知られざる音源をレア

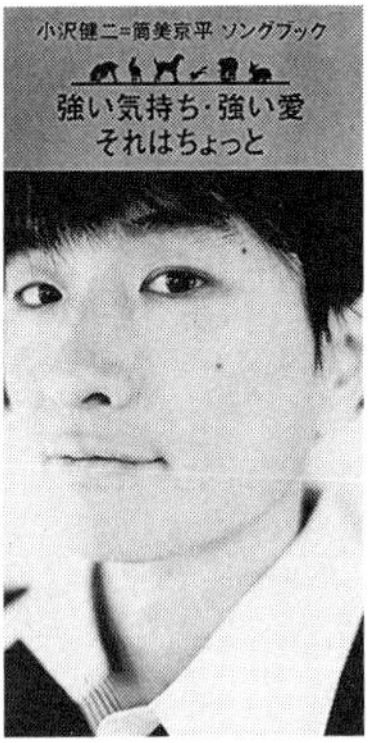

「強い気持ち・強い愛」

グルーヴと名づけたムーブメントが、歌謡曲の世界にも波及した成果といえますね。95年に作編曲で参加した小沢健二の**「強い気持ち・強い愛」**（作詞：小沢健二）がその最良の例。

近田　あのアレンジは完全に70年代のサルソウルのマナーを採り入れているんだけどさ、自分の過去の引用のセンスに関し、ようやく今になって認めてくれる人間が現れたのかとほくそ笑む京平さんの表情が伝わってくるよね（笑）。

――してやったり、と思ったでしょうね。でも、あのシングルがリリースされたリアルタイムでは、懐旧の情ではなく、最新の感性を受け取ることができたんですよ。

近田　ずーっとポップスというフィールドで曲を作ってると、早晩、根本的な意味で新しい音楽なんて、すでに出尽くしていることに気づかされる。そうなると、もはや新しさという概念は相対的な意味しか持たないのよ。一つ前の流行よりも新しければいい。

――巷間《こうかん》、流行は繰り返すと言いますね。

近田　例えば、今年ミニスカートが流行るとするじゃない？　けれど、ミニスカートなんて、それこそ50年代末、マリー・クヮントの昔からあったし、何度も再ブームを迎えたファッションなのよ。京平さんは、そこに絶妙なマイナーチェンジを加えて、新しいモードとして提示することができる。先読みだけに留まらない才能に恵まれているんだよ。

スピッツに対するシンパシー

――97年には、作曲家生活30周年を記念して、４枚組２セットのＣＤボックス『HITSTORY／筒美京平 ULTIMATE COLLECTION 1967～1997』を発売。筒美京平の代表作を収めたこのアンソロジーの最後を締めくくったのは、ピチカート・ファイヴに書き下ろした新曲「恋のルール・新しいルール」（作詞：小西康陽《やすはる》）でした。

近田　渋谷系の視点からの新たな解釈、そして『HITSTORY』の発売を経て、再評価の気運は一気に高まったよね。

――それまで、日本におけるロックの歴史と歌謡曲の歴史は別立てのものとして眺められがちだったけれど、ここで、それを一体として認識する考え方も広まった気がします。

近田　そして、一般のリスナーが、単なる流行歌の作家としてではなく、例えば服部良一のようにスタンダードな音楽家として、筒美京平を位置づけるようになった。「あんな曲も書いてたんだ」「こんな曲も書いてたんだ」という風に、意外な発見がたくさんあったんだろうね。筒美京平のネームバリューは、セールス面における全盛期よりも、むしろ90年代以降の方が上昇したことは確かだと思う。

——あの時代のJポップについて、京平さんはどういう見方をしていたんでしょうか。

近田　当時、京平さんに「最近の若い音楽家だと誰が気になりますか？」と聞く機会があったんだ。そしたら、「スピッツには、自分とすごく似たものを感じるんだ」という答えが返ってきた。意外でしょ。その意味は、今もよく分からないんだけど。

——外形的なところでいうと、「木綿のハンカチーフ」とか、アコースティックな感触の楽曲にはスピッツに通じる部分があるかもしれない。

近田　あの時分だったらさ、俺はむしろキンモクセイとかの方に、京平さんに似たものを感じたんだよ。あのバンド、歌謡曲っぽかったじゃない。

——02年に「二人のアカボシ」（作詞・作曲：伊藤俊吾）をヒットさせたグループですね。確かに、かなり意識的に往年の歌謡曲に接近した楽曲を聴かせていました。

近田　俺は、いわゆる歌謡曲っぽさこそが筒美京平の本質だと思っていた。でも、本人のスピッツに対するシンパシーを知って、ちょっと優しいフォーキーで女性的な音楽性こそが筒美京平の本質だったのかなって考え直したのよ。ただし京平さんは、別に自分のやりたい音楽を作る人じゃないからさ、本質はやっぱり分からないままなんだ。

――表現欲を仕事で昇華するわけじゃないんですね。

近田　京平さんの曲作りは、それ自体が批評だからさ。大喜利《おおぎり》みたいなものなのよ。「こういう曲作ってください」というお題に「それってこういうことでしょ？」と答えを出す。そこに、京平さんならではの見事なひねりが加わるから面白い。最近のＪポップには、そういうとんちを利かせる人材が欠けてるよね。みんな、素直になっちゃったのかな（笑）。

――21世紀を迎えると、京平さんの作品はより数が絞られます。誰もが知るようなヒット曲というと、03年のＴＯＫＩＯ「AMBITIOUS JAPAN!」（作詞：なかにし礼）が最後になるでしょうね。

近田　あれは、本当に京平さんらしさを湛えた力強い曲だった。ただ、そのことが、同時代の聴き手に対してちょっとレトロな印象を与えちゃったことは否定できないと思うんだ。

「AMBITIOUS JAPAN!」

――10年代に入ってからは、竹達《たけたつ》彩奈、飯田里穂、田所あずさといった女性声優への楽曲提供が目立ちます。一般のリスナー層に届かなかったことが惜しいほどの佳曲が揃っている。とても70代の作家が書いたとは思えないフレッシュな感覚にあふれています。

近田　最後まで現役を貫いたんだね。心の底から尊敬するよ。

第6章　筒美京平なき今への考察

ガラパゴス化したＪポップ

――現在、ＪポップはＫポップに押され気味です。ＢＴＳやBLACKPINKを筆頭とする韓国のポップスは、もはや自国や日本のマーケットを超え、アメリカのみならず世界中で熱狂的に受け入れられている。

近田　Ｋポップは、もう構造的には英語圏の音楽と一緒だよ。その一方、Ｊポップが完全にガラパゴス化していることは確か。

――どういった点に違いがあるんですか。

近田　Ｊポップの構造は古臭いんだよ。「来るか来るか」とじりじり期待するリスナーに対し、サビに至って「来ました！」っていうカタルシスを与えて満足させる展開だから。でも、ヒップホップ以降のダンスミュージックを基盤に持つポップスは、ずーっと終わらない反復に快感を求めるわけ。

――Ｊポップはやたらと転調が繰り返されたりして派手に展開するけど、世界標準のポップスは反復にこそ価値を置くんですね。

近田　セックスに喩えれば、Ｊポップは一気にてっぺんまで突き抜ける射精感、つまりエクスタシーを求める。ところが、ある時期以降の英語圏の音楽は、ずーっと射精しないいかないの。果てるその手前にある寸止めの快感をひたすら味わい続けるわけ。ヒット曲における世界と日本の潮流は、これほどまでに方向性の違うものになってしまった。

——Jポップのその構造は、京平さんの影響下にあるんでしょうか。

近田　うん。あの人の基本は、心地よいメロディーとそれをより美しくする和声だったから。京平さんは、生涯にわたって、アメリカで成功したいというような意識を持たなかった人だよね。国内のリスナーを相手に、洋楽的なテイストを日本の流行歌にアダプトさせる作業に終始した。その方法論は、今の日本の若い書き手にも引き継がれてるんじゃないかな。彼らからは、海外のマーケットで成果を収めたいという野望は感じられない。

専業作曲家の消滅

——そもそも、今やプロパーの作曲家という職種が消滅しつつありますよね。

近田　「○○先生にお願いします」と指名した上でオファーするケースが激減したのよ。ほとんどが、コンペで曲を選んでいる。俺は、2018年に『超冗談だから』というソロアルバムを出したんだけど、ほぼ歌手に徹したその作品の準備に入る時、ディレクターがまず行ったのは、作曲家を抱えるたくさんの事務所に対し、「こういう歌い手にこういう感じの楽曲を作っていただきたいんですが、お願いできますでしょうか」と一斉に連絡することだったのよ。あっという間に60曲ぐらい集まったよ。あれはうれしかったね（笑）。

――じゃあ、ジャニーズや坂道系といった売れっ子アイドルのコンペともなると、さぞかしおびただしい数の楽曲がエントリーされるんでしょうね。

近田　この作曲家はこういう曲調が得意だろうからと当たりをつけ、決め打ちしたその先生にすべてをお任せし、出来た作品を恭《うやうや》しくいただく。歌謡曲の黄金時代には普通だったそういう作り方は、もうほとんど廃《すた》れちゃったんだよね。

――広告制作などに近い、効率重視の割り切ったシステムに変わってきているんですね。コンペでは、クライアントのオーダーに最もフィットした作品が勝ち残るわけだから、クリエイターならではの個性も削《そ》がれがちな気がします。

近田　コンペに曲を寄せる人たちは、普段コツコツとアニメの曲を書いていたり、専門学校で教えていたりと、地味に暮らしている場合が多い。作曲家という職業は、かつてのように華やかな存在ではなく、サラリーマンと変わらぬ、数ある仕事の中の一つになった。

――スター作曲家は生まれにくい時代になりましたね。

近田　だって、シンガーソングライターは別として、パッと名前が浮かぶリアルタイムの専業作曲家って誰がいる？　いないでしょ。

――確かに。作詞家にしたって、普通は秋元康の名前ぐらいしか挙がらないでしょうね。

近田　しかし、京平さんは、長年にわたって芸能界の中心で仕事をしていたにもかかわらず、一切その水には染まることがなかったよね。

――その点では、村上春樹を想起します。日本を代表する小説家でいながら、いわゆる文壇とは無縁で、業界の政治みたいなものにも一切関わることがない。

近田　個人的に、自分が何で京平さんのことをこんなに好きなのかと考えた時、やっぱりその類の生臭さがまったく感じられないってところに行き着くんだよね。

――職業人の一つのミッションとしてヒットは狙うんだけど、世俗的な上昇志向や権力に対する欲望はない。京平さんはプロテスタントのクリスチャンだっただけに、マックス・ウェーバーの『プロテスタンティズムの倫理と資本主義の精神』を思い出しますね。まあ、ちょっと大上段に構えすぎた見方かもしれないけど。

近田　だから、90年代半ばぐらいから音楽業界でも弱肉強食の度合いが進んできた中、京平さんは、「これはもう、自分の携わってきた世界とは様相が変わった」と思って、一歩身を引くことを考えたのかもね。

筒美が持つ晩年の潔さ

――それにしても、あれだけの長い間シーンのトップを走り続けてきた事実には驚くばかり。普通、ある程度功成り名を遂げ、一生食うに困らない財産も築いたなら、その後は趣味的な仕事にシフトしたり、楽隠居に近い生き方を選んだりするじゃないですか。

近田　ああ、ミュージカルやオペラを書いたり、大学の教授になったりしてね。作詞家にしても作曲家にしても、よく耳にするパターンだよ。何だかんだ言って、京平さんは曲を書くという行為自体がやっぱり好きだったんだろうね。

――そして、亡くなった時にまず思ったのが、京平さんは国の与える栄典に恵まれなかったなということ。03年に紫綬褒章こそもらっているものの、文化功労者や文化勲章にまではたどり着いていない。船村徹に文化勲章を授与するなら、筒美京平にもそうしてしかるべきであると思うし、古賀政男、服部良一、吉田正、遠藤実に国民栄誉賞を追贈するなら、筒美京平も同じ扱いを受けて何の不思議もないのに。

近田　政治の世界にはまったく絡んでこなかったからだと思うな。それに加え、あの人、例えばＪＡＳＲＡＣこと日本音楽著作権協会みたいな業界団体の名誉職に就いたことがただの一度もない。俺は、本業からそういう活動に軸足を移す作家を否定するつもりは一切ないよ。でも、京平さんは、潔いまでに生臭い世界からは距離を置いていた。その事実は、彼の人物評価においてすごく大きな意味を持つんじゃないかなあ。

――対照的な生き方として、都倉俊一さんは、ＪＡＳＲＡＣの会長を務めたばかりか、文化庁の長官にまで上り詰めた。数年前には文化功労者にも選出されているから、ひょっとすると文化勲章すら射程に収めてるかもしれない。

近田　業績で比べれば、京平さんが都倉さんを圧倒してるんだけどさ。京平さんは、作曲家の権威として奉られるのを嫌ったんだろうね。そこにあの人なりの含羞を感じる。

――業界との間のスタンスを保つといえば、平山みきさんも、京平さんに会うたび、「芸能界の色に染まらないでね」と念を押されたと言ってましたね。彼女が還暦を超えても、相変わらずまだ同じこと言われてたらしい（笑）。

裕也、ジャニー、京平の死

近田　京平さんとは逆の例を挙げると、俺の師匠たる内田裕也さんは、ご存知の通りロックンロールを体現した人物であったけれど、ザ・芸能界の住人という側面も持っていた。

――だって、葬儀委員会の幹部が、田辺エージェンシーの田邊昭知《しょうち》社長、イザワオフィスの井澤健社長、ケイダッシュの川村龍夫会長、バーニングプロダクションの周《す》防《ほう》郁雄社長という錚々《そうそう》たる面々でしたからね。業界の体制を仕切る権力者がずらりと顔を揃えていた。

近田　俺も参列したけど、そりゃあすごい葬式だったよ（笑）。一方の京平さんはと言えば、あれだけの巨匠なのに、亡くなった事実も公表されぬままひっそりと密葬を終えた。俺が最も尊敬し、最も影響を受けた存在であるこの二人が抱えてきたアイデンティティにおける自家撞着は、まさに両極端の像を描いてるんだよ。

――どちらもメビウスの輪のようですね。その二つの輪のさらに周囲を取り巻く楕円軌道に沿って、近田春夫はぐるぐると回転しながら生きてきたということになる（笑）。

近田　あの二人の間には、まったく交流はなかった。ちょっと挨拶するぐらいの関係性はあったかもしれないけど。共通点といえば、ホテルオークラが好きだったことだね。

――何でしょう、オークラが体現するものって。日本の伝統とアメリカのモダニズムの折《せっ》衷《ちゅう》ですかね。米国大使館のすぐそばというロケーションにも、何か意味を感じてしまう。

近田　日本を完膚なきまでに打ち負かしたかつての敵国の音楽に好意を抱き、絶対的な存在として受け入れる。その行為に関して抱いてしまう複雑な感情が、京平さんと裕也さんの二律背反的な振る舞いにも反映されていると指摘したら大袈裟《おおげさ》かな。

——いや、あの二人の精神性の本質を突きつつあると思います。

近田　戦後のある時期までは、結構長い間、「メイド・イン・ジャパン」イコール「安かろう悪かろう」だった。金を稼ぐためには、たとえそれがアメリカの猿真似だろうと、なりふり構わず物を作らなきゃいけない。だから、今の日本人だったら恥ずかしさを覚えるような行いにも、当時は平気で手を染めていた。その文化的背景は、多分80年代ぐらいになってもまだベースとして残ってたと思うんだよ。

——エズラ・ヴォーゲルの『ジャパン・アズ・ナンバーワン』がベストセラーを記録してもなお、その劣等感は拭い難いものだったと。

近田　京平さんの内側には、日本という国に寄せる諦観があったと思う。敗戦国がアメリカに正面から太刀打ちしても敵わないということは分かりきっていた。この国において洋楽由来のポップスを作るという営為そのものには、根本的な矛盾がある。ゆえに、京平さんの書く楽曲は華やかなんだけど、決まってどこかに微妙な悲しみがにじみ出ている。

——コードがメジャーであるかマイナーであるかにかかわらず、確かに、日本人の琴線を震わせる何かを感じますね。

近田　京平さんと裕也さんより一回りほど上の世代になるけど、ジャニー喜多川という人も、日米の狭間でアイデンティティが揺れ動く人生を送った一人だよね。

――真言宗の僧侶の息子として戦前のロサンゼルスに生まれながら、数奇な運命を経て、戦後は、東京で空前絶後のアイドル帝国を築き上げることになる。

近田　歌手も役者も大勢輩出したけれど、ジャニーさんが育て上げたかったのは、何よりも踊り子だった。ずっと、ブロードウェイみたいな舞台に憧れ続けてたんだよね。

――手塩にかけたグループにシブがき隊や光ＧＥＮＪＩといった突飛すぎる名前をつけてしまう感覚には、外国人から見た日本というエキゾティックな視点を感じます。

近田　そうそう。その辺が、普通の日本人のセンスじゃないわけよ（笑）。

――まさに文化的なボーダーに出自を持つ者ならではということなんですね。

近田　裕也さん、ジャニーさん、京平さん、この3人の相次ぐ死去は、戦後の音楽史を考え直す上で、とても大きな示唆《しさ》を与えてくれた気がするんだよ。やっぱり、あの戦争が日本のエンタテインメントにもたらした影響は、計り知れないほどに大きい。

――三者三様の生き方が、それを証明していると。

近田　そういや、実弟の渡辺忠孝さんが、京平さんの書いた最初の楽曲である「さんぽかいのうた」（１０２ページ参照）について教えてくれたじゃない？　あれ、もしかしたら「消灯ラッパ」にインスパイアされて出来た曲じゃないかと思うんだよ。軍隊やキャンプで就寝時に鳴らされるやつね。

――三つ子の魂百まで。最初から作曲のメソッドは確立していたんですね。

近田　これに気づいた時は、いつもの元ネタ発見以上にうれしかった（笑）。自らをフィルターとして、原曲をさらに魅力的な曲へと生まれ変わらせるその才能が、長年にわたって京平さんを第一線に立たせてきたんだなと改めて確信したよ。

――筒美京平という音楽家については、いくら語っても語り尽くせませんね。

近田　うん。俺、墓場に入るまでずーっと京平さんのことを考え続けるよ（笑）。

【第2部】　近田春夫による対話篇

第7章　実弟・渡辺忠孝が見た兄の生涯

渡辺忠孝《ただたか》　昭和18年東京都生まれ。筒美京平の実弟、音楽プロデューサー。日本ビクター、日本フォノグラムなどに勤務し、ザ・ジャガーズ「星空の二人」でヒットを飛ばす。野口五郎など多くのアーティストを担当するが、中でもC-C-Bの大ヒット曲「Romanticが止まらない」をプロデュースしたことで知られる。

アップライトのピアノとインチキの暖炉

近田　渡辺さんは、お兄さんの京平さん、つまり栄吉さんとはいくつ違いなんですか。

渡辺　向こうが昭和15年生まれで僕が18年生まれだから、3歳下になりますね。

近田　なるほど。お互いに何と呼び合っていたんですか。

渡辺　僕は、仕事の場では「京平さん」、プライベートな場では「お兄ちゃん」と切り替えてました。向こうからは、どんな場面でも関係なく「ター坊」と呼ばれてましたけど（笑）。

近田　男兄弟で年齢が近いと、喧嘩が多かったりする場合も多いと思うんですが。

渡辺　うちは二人っきりの兄弟で、仲はよかったですよ。子どもの頃こそ、多少喧嘩もしましたが、大人になってからはもう全然。

近田　お生まれはどちらでしたっけ。

渡辺　港区芝西久保巴町8番地。現在の虎ノ門3丁目に当たります。数年前に新装オープンしたホテルオークラには、かつて本館と別館がありましたが、あの間を通る坂道を江戸見坂と呼ぶんです。その名の通り、踊り場状になった坂の中腹からは、隅田川の花火が見えた。

近田　高層ビルだらけの今じゃ、信じられないですね。

渡辺　その坂をずっと下っていったところに僕らの家がありました。今は、その一画すべてが「虎ノ門30森ビル」の敷地になっています。

近田　どんなお家だったんですか。

渡辺　まあ、父親は事業を営んでましたから、ちょっとした小金持

3歳のころの筒美京平　提供：渡辺忠孝

ちではあったんですよ。なんかヤな感じですよね（笑）。だから、当時としては珍しく、家の中に洋間があった。そこには、兄の誕生日のプレゼントとして古道具屋で買った河合楽器のアップライトのピアノ、大きな電気蓄音機、それからインチキの暖炉がありました。

近田　ああ、煙突につながってない、見た目だけそれ風にしてある暖炉ですね（笑）。

渡辺　そうそう、そこにガスストーブを置くと赤い灯りがともって雰囲気がよくってね。その洋間の床板をはがすと、下が防空壕になっていたことを覚えています。

朝から晩までピアノ三昧

近田　子どもの頃、渡辺兄弟はどんな風にして遊んでましたか。

渡辺　昭和37年にホテルオークラができる以前、あの敷地はまるごと大倉家の自宅とお庭だったんですよ。近所の顔見知りの子どもたちはその庭に勝手に入ることを許されていて、そこでセミやトンボを採ったりしてました。ただ、兄はあまり外では遊ばなかったなあ。

近田　何か理由があったんですか。

渡辺　5歳か6歳の頃かな、兄は肋膜炎を患ったんですよ。実はその少し前に、僕らは復員から1年ぐらいしか経っていない叔父の一人を、戦地の東南アジアで感染した結核で亡くしていた。肋膜炎は軽い結核のような病気だから、これは大変だとなった。何とか親のコネで当時の貴重品だったペニシリンを手に入れて、入院の末に治りはしたんだけど。祖母に「ター坊ね、お兄ちゃん、死んじゃうかもしれないよ」と告げられたのははっきり覚えてます。

近田　医療環境が今ほどよくなかった昔は、幼いうちに亡くなってしまう子どもも少なくなかったですからね。兄弟の音楽との出会いというと？

渡辺　小さい頃から、一緒にピアノを習い始めたんです。ＮＨＫの番組にも出演していた先生が、家に来て教えてくれました。それ以来、兄は朝から晩までピアノを弾いていましたね。ある時、僕も練習しようと思ったら、ピアノの蓋に鍵がかかっている。兄に聞いた

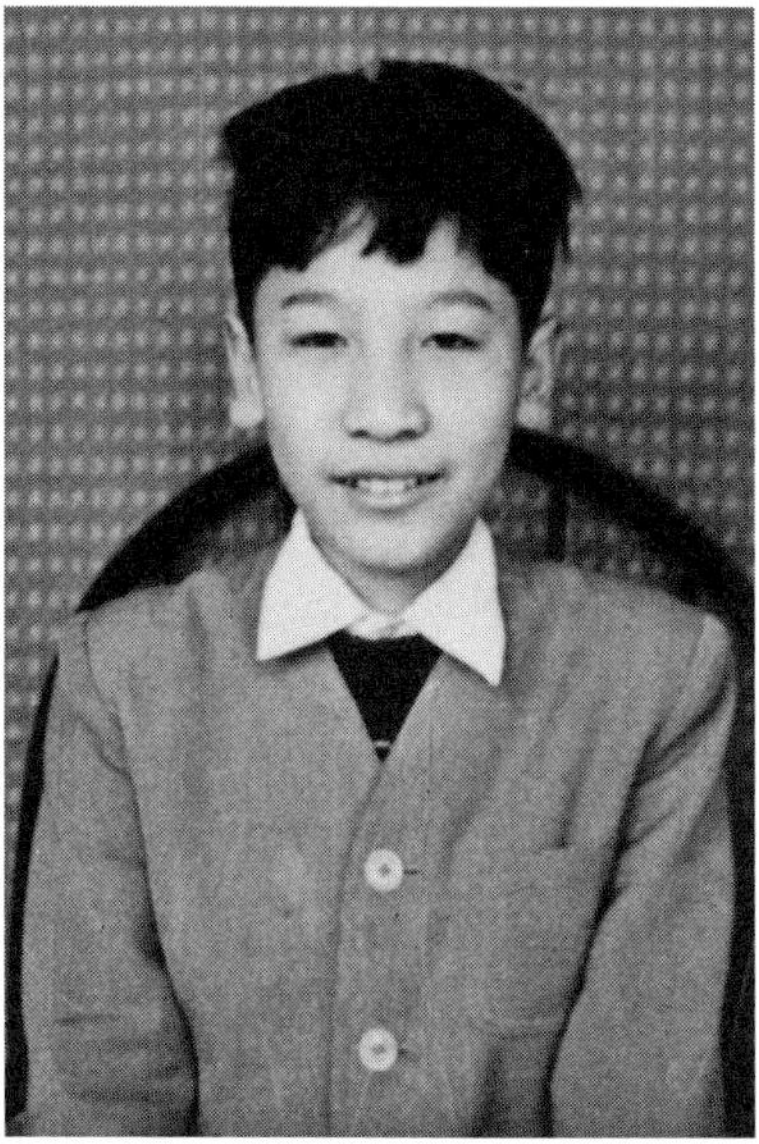
中学入学時の筒美京平　提供：渡辺忠孝

ら、「このピアノは僕が買ってもらったものだから、あなたには触らせません」だって(笑)。

近田　かわいい話ですね。

渡辺　僕らは、オークラの向こうにある霊南坂《れいなんざか》教会付属の霊南坂幼稚園に通っていたんです。毎日、米国大使館の前を歩いて通園していたから、そこでアメリカに対する強い憧れが育《はぐく》まれたんじゃないかと思います。

近田　お二人とも、小学校からは青山学院ですよね。

渡辺　ええ。幼稚園からずっとミッション系だったから、自分たちのそばには常に讃美歌がありました。兄は、小さい頃からピアノで聖歌隊の伴奏を弾いていたんです。高校ぐらいまで、ずっと続けてたんじゃないかな。

初の作品「さんぽかいのうた」

近田　後の筒美京平の姿を予感させるエピソードなんかは覚えてらっしゃいますか。

渡辺　小学校に入った頃、兄は、近所の子どもたちを集めて散歩会というグループを作っていたんですが、ある日、**「さんぽかいのうた」**を作詞作曲するんです。

さんぽかいのうた

作詞・作曲　渡辺栄吉

近田　それが京平さんにとってキャリア初の作品になるわけですね。おそらく、作曲のみならず作詞まで手がけたのは一生を通じてその曲だけじゃないですか（笑）。

渡辺　例の洋間にみんなを集めて、自分のピアノに合わせて順番に歌わせるんですけど、いちいち「あんた下手だね」ってコメントしたりして。

近田　いかにも京平さんって感じの言い方ですね（笑）。あの性格、子どもの頃から変わってないんだ。

渡辺　反対に、後年とまるっきり違うのは、ピアノの発表会が大好きで、ものすごく張り切ってたってところ。大人になってからは、あれだけ人前に出るのを嫌がったのに（笑）。

近田　ピアノは、長く習い続けてたんですか。

渡辺　いや、僕が10歳、ということは兄が13歳の頃、家業が傾いて急に貧乏になっちゃって、その時から、兄のピアノは独学。僕はもう、そこでやめちゃった。兄は、中学校に入るぐらいまでは、クラシックのピアニストになりたかったんだと思います。その頃、「僕は手が小さいからダメだ」と珍しく愚痴ってたのを覚えてる。

近田　手の大きい小さいって、ピアニストにとっては死活問題なんですよね。僕もずっとクラシックのピアノを習ってたんだけど、同じように手が小さかったからその気持ちは分かる。家にあったレコードは、クラシックが中心でした？

渡辺　もともとはクラシックばっかり。そこに、普段から付き合いのあったアメリカ大使館の高官がある日我が家を訪れて、一枚のレコードをくれたんですよ。それが、パティ・ペイジの「テネシー・ワルツ」（１９５０年）。あれはカルチャーショックでした。それ以来、二人でずっと針を落として聴いていました。

東京音頭とテネシー・ワルツの共存

近田　その後、アメリカのポップスではどんな歌手の楽曲を聴いてましたか。

渡辺　京平さんは、ポール・アンカやパット・ブーンが好きでした。僕が夢中になったエルヴィス・プレスリーに関しては、兄はあんまりいいと思わなかったみたい。まあ、ＦＥＮなんかを聴いてると何回もかかるんで、自然に覚えちゃってはいたようだけど。

近田　最新の洋楽がかかるＦＥＮは、僕もよく聴いたもんですよ。駐日米軍関係者向けのラジオ放送で、現在はＡＦＮに名前が変わっていますよね。

渡辺　あとは、文化放送の「Ｓ盤アワー」なんかも聴いてました。懐かしいなあ。プレスリーに限らず、僕がロックンロールに耳を傾けているのを目にするたび、兄は「ター坊の好きな音楽って、みんなコードが３つだけだね」って言うんですよ（笑）。

近田　うわあ、言いそう（笑）。京平さんの本質を表してますね。向こうのポップスを聴く一方、伝統的な日本の音楽にはあんまり馴染みがなかった？

渡辺　讃美歌は洋楽だし、クラシック、ジャズ、ポップスと、欧米の音楽ばかり聴いてきたわけだけど、兄の身体の中には、日本の音楽が自然に沁み込んでいるはずなんですよね。何しろ、僕らの幼かった頃の東京では、夕方の街を歩くと、当たり前のように三味線の音が聴こえてきたし、盆踊りにだって、笛や太鼓が聴こえてくれば、縁日目当てに足を運んだし。東京音頭とテネシー・ワルツが共存していました。

近田　知らず知らずのうちに、日本的な音楽に影響は受けてるんでしょうね。

渡辺　ただ、浪花節《なにわぶし》に関しては、「何これ？　ウーウー唸って」なんて言って眉を顰《ひそ》めてた。

近田　京平さん、浪花節は好きじゃないだろうなあ（笑）。ちなみに僕の父親は、ＴＢＳラジオの「浪曲天狗道場」という番組のプロデューサーを務めてたんですよ。

渡辺　浪曲、僕は好きだったよ。特に寿々木《すずき》米若《よねわか》。

洋服と美食が大好き

近田　浪花節って、あんなに人気があったのに、ある時から急に廃れちゃったんですよね。和の芸能というと、例えば、歌舞伎なんかには親しんでましたか。

渡辺　僕が歌舞伎好きだったのに対して、兄は宝塚が好きでした。歌舞伎に行くのは祖母と一緒で、宝塚に行くのは母と一緒。兄は、宝塚となると目を輝かせながら舞台を見つめてましたね。やっぱり、歌舞伎と違って宝塚は西洋の音楽を使ってるからかな。

近田　当時の宝塚というと、どんな女優が在籍してた時代だろう。

渡辺　越路吹雪さんとか、淡島千《あわしまち》景《かげ》さんとかが現役の頃でした。

近田　公演をご覧になったのは、もちろん、東京宝塚劇場（初代）ですよね。観劇の機会に限らず、銀座や日比谷、有楽町界隈《かいわい》にはよく出かけてたんですか。

渡辺　あのあたりには、都電に乗って週に一回は足を運んでましたね。何か買い物しては、夕飯を食べて帰ってくる。

近田　どんなお店に行ってました？

渡辺　「アラスカ」「つばめグリル」「ジャーマンベーカリー」「三笠会館」「キャンドル」なんかにはよく行きました。銀座に行く時は、ちゃんとよそ行きの格好をするんです。ただ、あの頃、そういう場合に子どもが着るにふさわしい既製服って、ほとんど売ってなかったんですよ。

近田　言われてみればそうでしたよね。

渡辺　うちの父親は、今も銀座の電通通り（外堀通り）にある「壹番館」で洋服を仕立てていたんですよ。その時に余った生地で、子どもの洋服を作ってくれていた。

近田　垢抜けてますねえ。

渡辺　あとは、「小松ストアー」。あそこでは、三越や松屋といった百貨店よりもだいぶ洒落たものを売ってました。今で言うセレクトショップの先駆けみたいな存在でしたね。

近田　今は、ユニクロ銀座店などのテナントが入った「ギンザコマツ」というビルになってますね。日比谷の「アメリカン・ファーマシー」なんかは行きませんでした？

渡辺　もちろん好きでしたよ。母親がアメリカかぶれのミーハーだったんですよ。マリリン・モンローが当時の夫だったジョー・ディマジオと一緒に来日した時は、宿泊先の帝国ホテルまでわざわざ見に行ったりして（笑）。そういう点は、おそらく兄に遺伝してますよ。洋服と美食が大好きという点は本当にそっくり。

ピーターソン、エヴァンス、ホーズ

近田　あの界隈と言えば日本を代表する劇場街でもあるわけですが、映画もたくさんご覧になってましたか。

渡辺　兄は、ディズニーの『ファンタジア』にはショックを受けてましたね。あれ、戦前に作られたアメリカ映画で、日本公開は本国の15年後となる昭和30年だったんです。

近田　バッハ、ベートーヴェン、チャイコフスキー、ムソルグスキーと、全編にわたって有名なクラシックの楽曲が流れるアニメーション映画ですよね。

渡辺　そう。演奏は、レオポルド・ストコフスキーの指揮するフィラデルフィア管弦楽団が行っています。とにかく兄は、「全部好きだ」と言って、惚れ込んでました。

近田　他に、京平さんが好きだった映画というと？

渡辺　『愛情物語』（昭和31年日本公開）って覚えてます？

近田　ああ、エディ・デューチンという実在のピアニストの生涯を描いた伝記映画ですね。

渡辺　劇中で、ショパンの「夜想曲第2番」をアレンジした「トゥー・ラブ・アゲイン」という曲が演奏されますよね。あれに興奮して、兄は何度もあの映画を観に行ってました。

近田　あの曲、実際に演奏してるのはカーメン・キャバレロですよね。京平さんがああいう装飾音の多い派手なラテンピアノを好むのって、分かるなあ。

渡辺　ラテンといえば、兄が生まれて初めて外国人ミュージシャンの生演奏を観たのが、ザビア・クガート楽団のコンサートなんですよ。

近田　ルンバの王様と呼ばれた指揮者が率いる楽団ですね。

渡辺　昭和28年に彼らが初来日した時、山王ホテルという米軍専用の宿泊施設で公演が行われたんです。

近田　じゃあ、一般の日本人は入れませんよね。

渡辺　その時、兄はすでに中等部に上がっていたんだけど、初等部時代に彼をとてもかわいがってくれた金塚繁という先生が、何かのコネを使って連れて行ってくれたんです。帰ってきたら、ものすごく興奮してましたね。白黒のプログラムを飽きもせずに眺めてた。

近田　ジャズのピアニストだと、京平さんは誰が好きでした？

渡辺　一番は、オスカー・ピーターソンかな。もちろんビル・エヴァンスも。それから、ハンプトン・ホーズがやたら好きでした。

近田　僕はジャズには疎《うと》いんですが、例えばセロニアス・モンクあたりは？

渡辺　あんまりピンと来てない感じでしたね。後期のジョン・コルトレーンとか、アヴァンギャルドな方向性のものは好きじゃなかった。当時、通称「１００１《センイチ》」と呼ばれるジャズのスタンダードの楽譜集が出回ってたのを知ってます？

近田　青い表紙で知られる、あの海賊版の楽譜集ですよね。昔のジャズ系のバンドマンは、みんな持ってました。

渡辺　兄は、あれを手に入れて、いろんな曲を研究してました。何でもすぐにコピーできちゃうからすごかった。そして、高校に入ると、兄も僕も、渋谷の百軒店《ひやつけんだな》にあったジャズ喫茶に通うようになるんですよ。「デュエット」「オスカー」「小粒のじゃがいも」……。

近田　ジャズ喫茶、新宿にも結構ありましたよね。

渡辺　新宿は、僕も兄も嫌いだから行かなかった。

あっという間に軽音楽部の親分に

近田　ちなみに、中学や高校の頃の京平さんには、いわゆるガールフレンドみたいな女性はいたんですか。

渡辺　いたいた。ちゃんといましたよ。

近田　そういう面は、意外としっかりしてるんだ。その後、青山学院大学に進学した京平さんは、学内でジャズのバンドを組むことになりますよね。

渡辺　青学の正門を入ってすぐ左側に小さな講堂みたいな場所があって、軽音楽部のメンバーは、そこで毎週練習を行ってましたよ。青学の学生じゃなかった僕もドラマーとして出入りして、小中学校時代の友達とバンドをやったりしてた。

近田　じゃあ、渡辺さんは青学に内部進学したわけじゃなかったんですね。

渡辺　兄は長男ということもあって大学まで青学に通わせてもらえたんだけど、さっき言ったように、家の経済状況が厳しくなっちゃったから、次男の僕は勉強もできないし、高校からは公立に行くことになり、大学は東京農業大学の農芸化学科に進んだんです。

近田　実は理系だったんですね。

渡辺　手《て》練《だ》れのピアニストだった兄は、あっという間に軽音楽部の親分みたいになっちゃった。そこで組んだのが「スウィング・コンボ」というバンドでした。名前にこそスウィングと付くけど、やってる音楽はモダンジャズ。なのに、クラリネット奏者はベニー・グッドマン風のプレイしかできなかったから、ストレスが溜まってたみたい。

近田　リーダーならではのそういう歯がゆさ、分かるなあ。そのバンドは、どういう場所で活動してたわけですか。

渡辺　あの頃は、各地で盛んにダンスパーティが開催されてたから、そういうのにしょっちゅう出てたのを覚えてる。ちゃんとしたギャラくれるから、いい収入になったんですよ。

近田　大学時代の京平さんは、その他にアルバイトなんかはしてましたか。

渡辺　ひと冬ずっと石打《いしうち》（新潟県）のスキー場に行きっぱなしのまま、ホテルのラウンジでピアノ弾いたり、家庭教師したりしてましたよ。昼間はずっとスキーができるから楽しかったみたい。

近田　へえ、スキーなんかやってたんだ。そういうフィジカルなイメージがないから意外だな（笑）。京平さんって、学校の成績はどうだったんですか。

渡辺　ずっとよかったですよ。小学1年から、いつもトップ3に入ってた。勉強しなくてもできちゃうタイプでしたね。そうそう、大学を卒業するときに、兄が悔しがってたんですよ。「どうしたの？」って聞いたら、卒業時の成績が経済学部で4番目だったらしい。

「3位までには入れると思ってたのに」とこぼしてました。

曲作りの根底にあるジャズ

近田　その後、京平さんはレコード会社に就職します。

渡辺　当時の日本グラモフォン（現・ユニバーサル ミュージック ジャパン）に入ることになって、その時、「邦楽は嫌です。洋楽かクラシックの部署に配属してください」と言ったんです。

近田　歌謡曲に対する興味はなかったわけですもんね。

渡辺　心のどこかに、歌謡曲はあんまり柄のよくないものだという感覚があったんじゃないかな。やっぱり、兄はクラシックに対するコンプレックスを持っていたんですよ。坂本龍一さんが出てきた時に、「いいよね、彼らは好きな音楽だけをやれて」と言っていたことがあるから。兄も、本当は坂本さんみたいに藝大に行きたかったのかもしれない。

近田　高校の頃、クラシックからジャズへと興味の対象が移ったといいますが、特にピアニストにとっては、クラシックとジャズって相当違うものなんですよ。同じ楽器なのに、その使い方がまったく異なる。

「星空の二人」

渡辺　京平さんの曲作りの根底には、ジャズがあると思います。基本は、ジャズのインプロビゼーションですよ。つまり、同一のコード進行から、いかに全然違うメロディーを生み出すかということが課題。だから、ジャズから学習したものはかなり大きいと思う。

近田　その後、弟の忠孝さんも兄の後を追うようにレコード会社に就職します。

渡辺　昭和41年、日本ビクターにあったフィリップス事業部に入社しました。上司に当たる課長は本城和治《ほんじょうまさはる》さんという有名なディレクター。といっても、部下は僕一人だったんだけど。彼のアシスタントとして、ザ・スパイダース、ザ・テンプターズ、ザ・カーナビーツ、ザ・リンド&リンダースといったGS（グループサウンズ）のグループに関わった後、僕が単独でザ・ジャガーズを担当することになりました。

近田　僕、GSの中では、ジャガーズの曲が一番粒揃いだと思ってるんですよ。

渡辺　ありがとう。そこで、初めて京平さんに楽曲を依頼することになるわけ。それが昭和43年にリリースされたジャガーズの5枚目のシングル**「星空の二人」**（作詞：橋本淳）。

近田　その頃には、京平さんはもう会社を辞めて、専業作家になっていたわけですね。

渡辺　そう。グラモフォンには4年間しかいなかったから。プロになりたての時でした。

近田　「星空の二人」には、同時代のR&Bの影響がうかがえます。

渡辺　あの曲には、〈ヘイヘヘイヘイ〉っていうコーラスが入るじゃない。僕はモータウンのテンプテーションズが好きだったから、彼らの「マイ・ガール」（1964年）みたいな曲を作ってもらいたいと思って、京平さんに、ぜひ〈ヘイヘヘイヘイ〉を入れてくれと頼んだら、その通りにやってくれたんですよ。

近田　そういう意見は柔軟に採り入れてくれるんですね。

渡辺　逆に、ディレクターの側から具体的にやりたいことを提案しないと、仕事を引き受けてくれないところはありましたね。

バカラックはものすごく重要な存在

近田　当時のGSのレコーディングって、どんな感じだったんですか。

渡辺　他のレコード会社では、オケ（伴奏）に関してはみんなスタジオミュージシャンを使ってたの。何しろ、あの時代のGSはみんな下手でしたからね。でも、僕のいたフィリップスでは、本城さんのポリシーでバンド自身の演奏を録音していた。

近田　聞くだに大変そうですね。

渡辺　そりゃ大変ですよ。どうやって解決するかというと、とにかくオケを死ぬほど録るの（笑）。それぞれのいいところだけを抽出して、エンジニアが編集する。当時は2チャンネル録音だったから、本当に手のかかる作業だった。テープは継ぎはぎだらけ。

近田　そんなにエディットされてたなんて、聴いてる側には分からなかったな。

渡辺　演奏自体は下手くそで、テンポもよれよれなんだけど、そこがカッコいい。バンドというものは、一緒に演奏を続けているといつの間にかグルーヴが合ってくる。それがグループサウンズの魅力だということに気づいたんです。

近田　例えば、スパイダースの演奏ぶりはどうでした？

渡辺　田邊（昭知）さんのドラムは滅茶苦茶だったなあ（笑）。でも、僕はそれで平気だから、正直に「田邊さん、突っ込んでますよ」って伝えたら、「馬鹿野郎！」ってスティック投げつけられたことがあった（笑）。

近田　だいぶリズムが走ってたんですね。あの頃、京平さんは内外のヒット曲をインストゥルメンタル化したアルバムのアレンジをたくさん手がけてるじゃないですか。

渡辺　はい。グラモフォン在籍当時から、アルバイトとしてそういうアレンジをかなりの数引き受けてました。「歌のない歌謡曲」と呼ばれるあの手の仕事を山ほどやったおかげで、兄は、編曲に関しては自信をつけたと思います。

近田　僕もキーボード奏者として、ああいう類の洋楽のカバー盤には結構参加しましたよ。あの頃は、レコード会社が年度末に余った予算なんかを使って、売れないミュージシャンへの餅代みたいな意味で、企画物を作らせてくれたんですよね。余裕のある時代だった。

渡辺　僕はフィリップス時代に、サム・テイラーとペレス・プラードが日本の歌謡曲をカバーするアルバムを作ったことがある。

近田　ムード音楽の著名ミュージシャンが歌謡曲を演奏するという企画盤も多かったですよね。さて、昭和46年には、筒美京平とフェザー・トーンズ名義で**『バカラックがビートルズに逢った時』**というアルバムが発表されています。ビートルズの楽曲をバート・バカラック風にアレンジするという企画盤ですが、そもそも、ビートルズとバカラックって水と油みたいなものなのに、もっともらしく仕上がっている。僕はあれを聴いて、筒美京平というのはすごい才能の持ち主だなと驚いたんですよ。

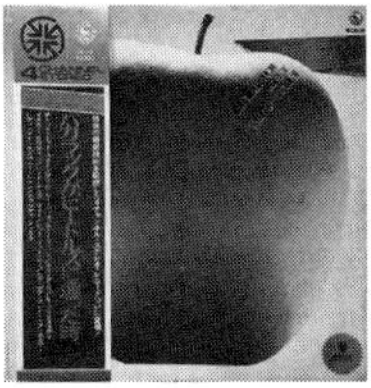

『バカラックがビートルズに逢った時』

渡辺　京平さんにとって、バカラックはものすごく重要な存在ですよね。兄が最初に、僕のところに「これ聴いてみな」と言って持ってきたバカラック作品が、67年のアルバム『リーチ・アウト』に入っている「ボンド・ストリート」という曲でした。

近田　洗練されたメロディーの作り手というバカラックの最大公約数的なイメージからはちょっと外れた、ビートの強い楽曲ですよね。

渡辺　もちろんご多分に漏れず、兄にとってもバカラックへの入り口は「ウォーク・オン・バイ」（１９６４年）「アイ・セイ・ア・リトル・プレイヤー（小さな願い）」（１９６７年）といったディオンヌ・ワーウィックの歌った楽曲だったと思う。ああいった楽曲に見られる変な転調が面白かったんでしょうね。

スタジオに入ってきて、「何これ？　売れないね」

近田　しかし、兄弟で同じ業界にいるというのは不思議な感覚だったんじゃないですか。

渡辺　ええ。職種が違うとはいえ、彼が大ヒットをバーンと飛ばしている時に、こっちがヒットを出せないのは情けないものでしたよ。京平さんは、僕がレコーディングしているスタジオにピュッと入ってきて、作業中の曲を聴いては、「何これ？　売れないね」と言って去っていく。すごく正直な人でしたよ。

近田　ただ、発言の内容そのものはきついんだけど、不思議とこちらが落ち込まないような言い方をしてくれるんですよね。だから、遺恨みたいなものが残らない。ジャガーズ以降は、どんな仕事で京平さんとご一緒されてましたっけ。

渡辺　昭和44年には、ブレッド&バターのデビュー曲**「傷だらけの軽井沢」**の作編曲を依頼しています。作詞は、盟友の橋本淳さん。

近田　淳さんの歌詞って、軽いじゃない。あの軽さと京平さんのメロディーのマッチングがいいんですよね。

渡辺　すべてが、車に乗って第三京浜で横浜に行く感じでしょ。

近田　そうそう。僕なんか、実家が等々力《とどろき》（東京・世田谷区）だったから、あの感覚がものすごく馴染むわけ。そういや、あの頃、渡辺さんが僕の実家に楽器を運んでくれたことがありましたね。

渡辺　ああ、行った行った。70年代の初頭ぐらいかな。まだ慶應に籍があった近田君を「大学はちゃんと卒業した方がいいよ」と諭《さと》した記憶がある。

「傷だらけの軽井沢」

近田　すみません。結局、1年生を3回繰り返した末に中退してしまいました（笑）。渡辺さんとは、おそらく日比谷野外音楽堂で知り合ったんですよ。レコード会社に勤めてらっしゃることも、京平さんの弟であることも存じ上げず、単に音楽に詳しい先輩として、気がつけば親しく会話を交わす関係になった。当時は、毎週末に野音でいろんなコンサートが行われていて、そこに行くと必ず会うような人たちがいましたが、渡辺さんもその一人でした。

渡辺　もうGSの時代は終わっていましたね。

近田　その頃、渡辺さんはフラワー・トラベリン・バンドの『Anywhere』『SATORI』という名盤のプロデュースを手がけていたんですよね。

渡辺　内田裕也さんと一緒にね。

近田　僕も、若かりし頃、内田裕也一家に草鞋《わらじ》を脱いだ者なので、裕也さんに関して積もる話はいっぱいあるんですが、それはまた別の機会にということで（笑）。

野口五郎とC-C-B

渡辺　その後、僕が兄と組んだ仕事で印象深いものといえば、2年間の渡米生活を経て、ポリドールに移籍してから担当した野口五郎ちゃんですかね。

近田　彼は、ギターも巧いし、非常にミュージシャン志向が強いタイプですよね。

渡辺　ええ。昭和54年にリリースした『ラスト・ジョーク　GORO IN LOS ANGELES '79』というアルバムは、8割方が京平さんの作曲で、編曲も船山基紀君と分け合っています。全編、ロサンゼルスで録音を行いました。ギターはラリー・カールトンとデヴィッド・スピノザ、ベースはマイク・ポーカロ、ドラムスはジェームス・ギャドソン……。レコーディングした場所はラリー・カールトンのスタジオでしたね。

近田　ものすごく豪華なメンバーですね。

渡辺　五郎ちゃんに関しては、その前の昭和52年にニューヨークで録音した『**GORO IN NEW YORK／異邦人**』というアルバムがあるんです。僕自身は関わっていないんですが、京平さんがプロデュースを手がけていて、現地にも同行している。兄は、「その時、ニューヨークのミュージシャンやエージェントに、このままここに残ってアレンジャーになれと言われた」って、ちょっとうれしそうな顔しながら教えてくれましたよ。

『GORO IN NEW YORK／異邦人』

近田　同じポリドール時代、渡辺さんはC-C-Bも手がけています。

渡辺　もともと、青山に「KIDS RADIO STATION」というミニFM局があって、そこの企画として、ココナッツ・ボーイズ、オレンジ・シスターズ、パイナップル・ボーイズというグループが結成された。その中ではココナッツ・ボーイズがちょっと面白かったので、後に音楽評論家になる萩原健太君にプロデュースを任せて、アルバムを2枚ほど作ったんです。でも、それほど売れなかったから、次のシングルがヒットしなかったら解散することになった。

近田　そして昭和60年にC-C-Bと改名し、京平さんが作曲した「Romanticが止まらない」（作詞：松本隆）が生まれたわけですね。アレンジャーの船山基紀さんが編み出したあの印象的なイントロを聴いた京平さんが、レコーディング中に「こういう曲のアレンジは、大村雅朗君の方がいいんだよね」とつぶやいたため、スタジオ中が凍りついたという有名な逸話がありますが。

渡辺　あの噂は嘘。少なくともスタジオでは言ってない（笑）。ディレクターの僕は、あのイントロはすごくいいとずっと評価してたぐらいだから。

山口百恵からの依頼も断った

近田　京平さんには、特にお気に入りの歌手はいたんですか。

渡辺　岩崎宏美さんは、デビュー前の打ち合わせで会った時から気に入ってましたね。「すごい感じのいい子でね、いい声してるんだよね」と言ってた。ああいう、芸能界っぽくない、真面目そうな子が好きなんだと思う。南沙織さんもそういうタイプじゃない？

近田　その一方では、変わった声の歌手が好きじゃないですか。郷ひろみとか、松本伊代とか。その最たるものが平山三紀（現・みき）ちゃんだと思う。

渡辺　キャラクターが確立している声はやっぱり好きでしたね。それから、すでに他人様の書いた楽曲でヒットを出した歌手には、わざわざ作品を提供したがらない。ジュリー（沢田研二）にも頼まれましたね。（山口）百恵さんに頼まれたことがあるんだけど、これは断っているはず。

近田　京平さんって、あまりアーティストとは付き合いがないですよね。

渡辺　そうですね。まあ、別に信念があってそうしてたわけじゃないと思うんだけど。仲良かったのって、君ぐらいじゃない？（笑）

近田　まあ、こっちが図々しくなついちゃったから、しょうがなく構ってくれた気もします。

渡辺　ただ、常に新しい才能はチェックしていた。スタジオで僕に会うたび、「誰かいい作詞家いない？」とか「いいアレンジャー知らない？」とか必ず尋ねてきたから。

近田　職業作家のみならず、シンガーソングライターのことも気にしてました。商売敵的な意味で、吉田拓郎に関して「ああいうものは僕には書けないもの」と言っていた。

渡辺　拓郎さんとは、何回か会食の席を持ったんじゃないかな。そのだいぶ後にはなるけれど、渋谷系の小西（康陽）君とか、小沢（健二）君ともよく食事に行ってました。

近田　僕も食事にはよくご一緒しましたけど、どんな店がお好きでしたっけ？

渡辺　何と言ってもオークラですよ。あれは、まさに子どもの頃遊んでいた場所への帰巣本能。あのホテルには、内々に誰が一年間にいくらお金を落としてくれたかというランキングがあるそうなんだけど、京平さんは何位かに入っていると知人が教えてくれました。日本料理の「山里」、バーの「ハイランダー」にはよく行ってましたね。

近田　オークラ以外では？

渡辺　代官山の「小川軒」、新橋の「京味」、六本木の「まっくろう」、飯倉の「キャンティ」、麻布十番の「クチーナ・ヒラタ」といったところがお気に入りでした。健啖家でした。

近田 京平さんって、あまりビールを飲まない。真夏の暑い盛りでも、「とりあえずビール」から始まらずに最初から赤ワインだから、こっちは結構つらいんだよね（笑）。その一方、銀座の高級クラブみたいな場所には興味がありませんでしたよね。

渡辺 まったく行ってなかったと思う。

近田 京平さんは、メディアにおいてとにかくプライベートな部分を表に出さない人だったから、こういう話は本当に新鮮ですね。

エルメスが自宅に採寸に

渡辺 衣食住に関しては、一流好みを貫いてました。それはそれはすごかった。

近田 洋服も、いつもお洒落なものを着てましたよね。

渡辺 だって、エルメスが自宅まで寸法を測りに来るんだから。

近田 うわー、本当にそういうお金持ちって存在するんだ！（笑）

渡辺 エルメスのジャケットとか靴とか、よく僕にくれましたからね。

近田 お住まいには、どんな趣味が反映されてました？

渡辺　子どもの頃の実家の刷り込みがあるから、どの家にも暖炉があった。お金持ちになってからは、さすがに薪をくべて使う本物の暖炉を作ってたけどね（笑）。

近田　確か、ハワイに別荘をお持ちでしたよね。

渡辺　もうだいぶ前に手放しちゃったけど、ハワイ島の「コハラ・ランチ」という高級別荘地に大きな一軒家を所有していました。時々、近所にあるパーカー牧場の牛がプールの水を飲みに来ちゃうこともあったりして。

近田　でも、滅多に行けなかったんじゃないですか。

渡辺　50歳ぐらいの時に、一度、事実上仕事を休んでいた時期があるんですよ。まあ、公に活動休止を表明したわけじゃなくて、興味があったり義理があったりする仕事以外は受けるのをやめて、基本的にはしばらくハワイで暮らしていた。

近田　あんなに忙しかった人が急に休暇を取って、どんな風に過ごしていたんですか。

渡辺　園芸に没頭してました。炎天下、ひたすら花を植え替えてて。手伝おうかと聞いたら、「一人で好きなようにやるから楽しいんじゃない、馬鹿だね」だって（笑）。

近田　そうそう、小さな頃から園芸が趣味だったんですよね。

渡辺　芝西久保巴町の実家の庭にも三色すみれや何かを植えていたし、中高時代は園芸部

に所属していました。逗子に住んでいた頃の庭も、すごかったですよ

家庭人としての筒美京平

近田　家庭人としての京平さんは、どんな方でした？

渡辺　いい父親だったと思いますよ。「うちの子どもには音楽の仕事なんかやらせない」って、結婚する前から言っててね（笑）。その通り、息子が二人できたけど、今はどちらも堅気の仕事に就いてます。

近田　うちの息子にも、とても音楽の道は勧められませんでしたよ。

渡辺　僕の家族と兄の家族で、浅草にお彼岸のお墓参りに行くのが恒例だったんですよ。ある年、京平さんは大きな乾物屋でたくさん畳鰯《たたみいわし》を買って、みんなに配り始めた。

近田　畳鰯って高いですよね。お大尽だなあ。

渡辺　次に、隅田川を越えて長命寺《ちょうめいじ》に行ったら、今度は桜餅をいっぱい買い込んでいる。その後、オークラに移って「山里」でご飯を食べたんだけど、兄は、あそこの板前さんや店の人に桜餅を配っていた。そういうのが好きな人なんです。

近田　昔っぽくていいですね、その感じ。

渡辺　現場でも、スタッフにはすごく優しかった。いろんな人から評判を聞きましたよ。

近田　でも、言うべきことはビシッと言う。女性的な柔らかさと、男性的な強い部分。その両方を持ちあわせている人でしたね。

■付録・渡辺忠孝が選ぶ10曲

桑名正博**「哀愁トゥナイト」**
作詞：松本隆　編曲：萩田光雄　昭和52年6月25日発売　RVC
曲はもちろん、高中正義、後藤次利、高橋ユキヒロ（現・幸宏）らによるバックのオケが素晴らしい。歌ももちろんカッコいい。

小泉今日子**「なんてったってアイドル」**
作詞：秋元康　編曲：鷺巣詩郎　昭和60年11月21日発売　ビクター
このタイトルがいい。曲の展開が最高に面白い。今や「新世紀エヴァンゲリオン」で知られる鷺巣君のアレンジも見事。

稲垣潤一**「夏のクラクション」**
作詞：売野雅勇　編曲：井上鑑　昭和58年7月21日発売　東芝EMI
歌と詞と曲がとてもいい具合に融合している。「ドラマティック・レイン」よりもこっちが好き。

かまやつひろし**「青春挽歌」**
作詞：阿久悠　編曲：筒美京平　昭和47年11月発売　日本フォノグラム
一番から四番で春夏秋冬を歌い分ける、すごく面白い出来の曲。あまり売れなかったのが残念。

C-C-B**「Lucky Chanceをもう一度」**
作詞：松本隆　編曲：船山基紀、C-C-B　昭和60年8月21日発売　ポリドール
とにかくいろんなメロディーが盛り込まれている。ファックスでこの譜面が送られてきた時は驚いた。

西田佐知子**「くれないホテル」**
作詞：橋本淳　編曲：筒美京平　昭和44年4月5日発売　ポリドール
三拍子の曲調が好きだし、何といっても西田さんの歌が素晴らしい。元ネタはエンゲルベルト・フンパーディンクの「ラスト・ワルツ」（1967年）。

ジュディ・オング「**魅せられて**」
作詞：阿木燿子　編曲：筒美京平　昭和54年2月25日発売　CBS・ソニー
京平さんのアレンジ力が最大限に発揮されている。ギリシャの弦楽器、ブズーキの音色が印象的。コンセプトがジュディにぴったり。

郷ひろみ「**よろしく哀愁**」
作詞：安井かずみ　編曲：森岡賢一郎　昭和49年9月21日発売　CBS・ソニー
タイトルからして好き。あの垢抜けた安井かずみが泥臭い歌謡曲を書いているところがいい。リズムも哀愁を帯びている。

ET-KING「**お世話になりました**」

作詞：山上路夫　補作詞：ET-KING　編曲：船山基紀

2007年7月11日発売『筒美京平トリビュート the popular music』所収

昭和46年に発表された井上順之《じゅんじ》（現・順）のカバー曲。京平さんもこのアルバムでは、これが一番好きだった。

庄野真代「**飛んでイスタンブール**」

作詞：ちあき哲也　編曲：船山基紀　昭和53年4月1日発売　コロムビア

当時はこのメロディーが頭から抜けなかった。「魅せられて」同様の異国情緒が癖になる。

（※コメントは渡辺氏）

第8章　盟友・橋本淳が明かす創作現場と素顔

橋本淳　昭和14年東京都生まれ。日本を代表する作詞家。昭和40年紀本ヨシオの「涙のギター」で作詞家デビュー。ザ・タイガースの「モナリザの微笑」「君だけに愛を」など、数々のヒットを飛ばす。ジャッキー吉川とブルー・コメッツの「ブルー・シャトウ」で日本レコード大賞を受賞。青山学院大学で１年後輩だった筒美京平を歌謡曲の世界に引き込み、筒美作品では５００曲以上を作詞し、橋本&筒美の黄金時代を築いた。

筒美京平との出会い

近田　淳さんと京平さんは古くからの盟友として知られます。最初の出会いは？

橋本　僕と彼が青山学院高等部に通っていた頃のことです。僕の父の著書に挿絵を描いてくださっていた画家に、渡辺三郎さんという方がいるんですよ。

近田　橋本さんのお父さんは、児童文学者・詩人として名高い与田準一さんですね。

橋本　その渡辺三郎さんの息子が、僕と京平さんの共通の友人でした。その彼が、ある日、僕のところに京平さんを連れてきたんです。

近田　お互い音楽が好きだから、気が合うだろうと思ったんでしょうね。

橋本　当時、京平さんは高校1年生だったのかな。僕は1学年上でしたが、彼の顔はすでに知っていたんですよ。青山学院の教会の礼拝では毎週ピアノを演奏していたから。後に青学の先生に聞いたところでは、京平さんは、初等部の時点でモーツァルトの20番や21番といったすごく難しいピアノコンツェルトを弾きこなしていたらしい。

近田　お互い、何と呼び合っていたんですか。

橋本　彼の本名は渡辺栄吉なので、僕は「栄ちゃん」と呼んでました。僕の本名は与田準介だから、彼からは「準さん」と言われていましたね。

近田　当時の京平さんについて印象に残っていることというと？

橋本　僕が夜遅くまで学校に残ってドタバタと遊んだ帰り、8時ぐらいに校門を出ようとすると、その脇の花壇で何かガサゴソとやっている生徒がいる。誰かと思えば、栄ちゃんなんです。園芸部に所属していた彼が、牛糞と鶏糞を混ぜた肥料を花に与えていた。「こんな暗い中で大変だね」と言ったら、「今やっておかないとダメなんです」だって（笑）。

近田　その後、大学に進んでからは、一緒に軽音楽部でバンド活動を行いますね。そして、レコード会社に就職した京平さんが作曲家として独立するに当たっては、淳さんが大きな役割を果たしたと聞きます。そのあたり、順を追ってお聞かせ願えますか。

橋本　前段を含めて、だいぶ長い話になりますけど、いいですか（笑）。

近田　はい、もちろん（笑）。

作曲家すぎやまこういちとの日々

橋本　大学時代の僕は、物書きになれたらいいなと、父親の知り合いの作家のところで書生みたいなことをしてたんですよ。梅崎春生《はるお》さんとか、檀一雄さんとか。

近田　錚々たる名前ばかりが出てきますね。

橋本　まあ、車の免許を持ってたから、運転手というか便利屋代わりに活躍を期待されていたわけですけどね。檀一雄さんが『火宅の人』（昭30に連載開始）の登場人物のモデルになった女性と下仁田《しもにた》にネギを食べに出かけるというので、その運転手を務めたり、梅崎春生さんに命じられて、新聞小説の舞台となる築地の河岸《かし》の様子を見に行って報告したり。だから、学校に行く暇がない。父親には、「お前には物書きの才能はないぞ」なんて言われてしまって……。気がつけば、就職活動の期間はとっくに終わっていた。

近田　結局、どうしたんですか。

橋本　大学のとある同級生の兄貴が、当時フジテレビでディレクターを務めていたすぎやまこういちさんと知り合いだったんです。その伝手《つて》をたどって会いに行ったら、明日から個人的に運転手として雇ってやると即決。なのに、しばらく働いていたら、ある日、新聞で求人広告を見つけたから、お前はキングレコードを受けてみろって言うんですよ。

近田　えっ、にわかには意図がつかめないんですが、どういうことですか？

橋本　今思えば、すぎやま先生はレコード会社のシステムをご存じなかったと思います。というのも、当時、歌謡曲の作家はレコード会社の専属で、フリーランスに対して門戸は開かれていなかったから。それで、仕方なくキングに願書を出したら、採用されちゃった。あそこは講談社の子会社だったし、ひょっとすると父親の縁故も影響したのかもしれないけど。

近田　じゃあ、今度は会社員になったわけですね。

橋本　毎朝、自宅の最寄り駅だった吉祥寺駅のホームに立っていると、来る電車来る電車すべてが混んでいる。嫌だなあと見送って、ようやく空いた頃に電車に乗り込むと、会社に着くのは11時頃になる。タイムカードをガチャンと押しても、赤でしか印字されない。

近田　そりゃ当たり前ですよ。

橋本　しかも、正午になると、すぎやま先生から電話が来て、「1時にフジテレビに来い」

と命じられる。「早退しろよ」と。11時に出社して12時に退社しました（笑）。

近田　すぎやまさんの方の仕事も継続してたんですね。そんな勤務態度が許されるなんて、どんな部署に配属されてたんですか。

橋本　文書課に入れられたんですよ。そこは、キングの親会社である講談社の役員の娘さんがいたりとか、ワケありの課でした。

近田　すごい話ですね。

筒美京平、すぎやま宅のピアノを弾く

橋本　すぎやま先生は、毎日帰宅するのが朝4時ぐらいなんですよ。僕は運転手だから、すぎやま先生を小平にあった家まで送り届け、そこから1時間かけて吉祥寺の自分の家に帰って、下着だけ替えてキングに向かう。その繰り返し。

近田　その頃のすぎやまさんは、フジテレビでどんな番組を担当していたんですか。

橋本　お馴染みの「ザ・ヒットパレード」です。あの番組で毎週披露される20曲ほどの譜面をアレンジャーたちのところまで取りにいくのも僕の仕事の一つだったんですが、彼らはみんな呑み助だから、キャバレーみたいなところを巡って所在を突き止め、譜面を書い

てくださいと懇願する。ようやく譜面を引き取って、座付きのバンドを率いるスマイリー小《お》原《はら》さんに渡していざ演奏してもらってみると、「音が違うじゃないか」とすぎやま先生にぶん殴られる。僕は譜面なんか読めないのに。

近田　そりゃ理不尽ですね。

橋本　すぎやま先生は人間として素晴らしい方なんです。ただ、仕事に対しては厳しくて、燃える方なんです。「テレビ電話リクエスト」という生番組を担当した時は、常時300曲の譜面を用意して、リクエストが来たらすぐ歌う態勢を整えていたんです。

近田　レコードをかけるんじゃなくて、その場でフルバンドが生演奏したんですね。

橋本　しかも、「ザ・ヒットパレード」に出てるような歌手が常にスタンバイしている。その結果、フジテレビ周辺の電話回線が全部パンクしちゃった。すぎやま先生は、そういう大胆なことをやっちゃう人だったんです。

近田　テレビ業界も、自由に面白いことができた時代だったんですね。

橋本　京平さんが、すぎやま先生に一度会ってみたいなと言い出したんですよ。ということで、一緒に自宅を訪れたけれど、すぎやま先生は突然訪れた若者が誰なのかなんて、まったくもって関心がない。とりあえず、夜食のBGM代わりに、京平さんはすぎやま先生の家のピアノを弾かされてましたよ（笑）。

近田　優雅というか何というか（笑）。

橋本　まだ大学生だったその頃から、京平さんは歌を作りたいと言っていたんです。じゃあ、創作の姿勢というものを学べればいいかなと思って、僕は、彼を檀さんや梅崎さんのところに連れて行ったりもしました。その後、彼は大学を卒業して日本グラモフォン（現・ユニバーサル ミュージック ジャパン）に入り、経験を積んで洋楽部員として働いていました。

「青い瞳」で本格的に作詞家デビュー

近田　淳さんが作詞家としてデビューしたのもその頃ですか。

橋本　はい。ブルー・コメッツの「青い瞳」（昭41）が本格的なデビュー作です。ビートルズの「ミッシェル」（１９６５年）を聴いて感激したすぎやま先生が、日本でもこういうオリジナル曲を作りたいと言い出し、「ザ・ヒットパレード」のレギュラーだったブルコメに白羽の矢が立った。それで、あのバンドの井上忠夫（のち大輔）と一緒に僕の作った曲が「青い瞳」だったんです。

近田　なるほど。

橋本　今、ケイダッシュの会長を務めている川村（龍夫）さんがブルコメのマネージャーをしていたんですが、彼と連れ立って、いろんなレコード会社に売り込みに行きましたよ。当時、僕はまだ一応キングの社員だったのに、「そんなの関係ないだろう」ってすぎやま先生にいなされて（笑）。ところが、さっきも言ったように、当時のレコード会社は作家の専属制を敷いていたから、どこもフリーの作品は相手にしてくれない。「バックバンドとしてなら使いたいんだけど」とばかり言われましたね。苦労の末、専属作家制に縛られないコロムビアの洋楽セクションからデビューできることになったんです。それが昭和41年3月。

近田　「青い瞳」は、最初に英語詞のヴァージョンが発売され、その4カ月後に日本語ヴァージョンがリリースされました。

橋本　「ザ・ヒットパレード」は毎週ベストテンを発表していたんですけど、すぎやま先生は、まだレコードが出ていない段階でも、「青い瞳」を毎週毎週1位と言って演奏させていました（笑）。

近田　えっ、あのランキングって操作されたものだったんですか（笑）。子どもだった僕は、本当に1位なんだと信じて観てましたよ。

橋本　その結果、本当にブルコメの人気に火が点《つ》いて、グループサウンズの時代が本格的に到来したわけなんです。

近田　あの頃は、グループサウンズ以前から、社内システムに対する脱法行為のような意味で、洋楽の部署から日本の歌手が和製ポップスをリリースしていましたよね。

橋本　そう。その流れに乗って、僕と栄ちゃんが初めてコンビを組んで作った曲が「黄色いレモン」。藤浩一（現・子門真人）と望月浩の競作です。これが京平さんの作曲家としてのデビュー曲になるんですけど、発売された昭和41年には、彼はまだグラモフォンの社員だったから、会社の倫理規定上名前を出すことができず、当初、作曲のクレジットはすぎやまこういちさんの名義とされていました。

近田　京平さんが退社するのは、その翌年の昭和42年でしたね。

橋本　すぎやま先生は、独立前後の京平さんを助ける意味で、フジ音楽出版（現・フジパシフィックミュージック）の仕事を回していました。当時、外国のヒットナンバーをインストゥルメンタルとしてアレンジし直した楽曲が40曲ぐらい入っている8トラックのカセットがたくさんリリースされていたんだけど、その編曲を任せていた。あれが、京平さんが純然たるプロとして初めて手がけた仕事になるんじゃないかな。

近田　いわゆる8トラですね。昔はカーステレオでよく使われてましたっけ。

橋本　その後、コロムビアや東芝から、「歌のない歌謡曲」と呼ばれる企画盤アルバムのアレンジを数多く依頼されるようになったんです。1カ月に2枚のペースでLPを作っていたはず。それで、彼はひとまず生計が成り立つようになった。

近田　なかなかのハードワークですね。

橋本　ちなみに、すぎやま先生の奴隷として働いていた僕はすでに結婚していたんだけど、あまりに忙しくて家庭を顧みる余裕がなかったから、細々とした家のことはみんな京平さんが面倒を見てくれていたんですよ。そのことはずっと感謝しています。

最初のシングルヒット「バラ色の雲」

近田　京平さんの最初のシングルヒットは、昭和42年8月にリリースされたヴィレッジ・シンガーズの「バラ色の雲」。作詞は橋本淳さんです。

橋本　ヴィレッジ・シンガーズはコロムビア所属で、ブルー・コメッツと同じ泉明良《あきら》さんという方がディレクターを務めていたんです。京平さんの「バラ色の雲」への起用は、泉さんの優しさのおかげでした。

近田　昭和43年には、橋本・筒美コンビによる最大のヒット曲であるいしだあゆみの「ブルー・ライト・ヨコハマ」が生まれます。

橋本　京平さんにとって初のオリコン1位を獲得した曲であり、100万枚も売れました。ヒットするとは思いましたが、ここまでの大きさとは思いませんでした。

近田　往々にして、作った本人は、案外その程度に思ってるものですよね（笑）。

橋本　当時、レコード会社の偉い人によく言われたんですよ。「グループサウンズも女性ポップスもいいけど、演歌でヒット出してないうちはまだまだだな」って。

近田　まだそんな意識が残ってたんですね。「バラ色の雲」「ブルー・ライト・ヨコハマ」といった初期の楽曲に関しては、詞と曲、どちらが先にできたんですか。

橋本　僕の詞が最初にありました。京平さんが曲先主体になるのは、その後しばらく経ってからなんですよ。というのも、ビートルズ以降は、歌謡曲においても、リズムというものがすごく大事な要素となる。そうなると、曲が先の方が作りやすい。まあ、先に曲の方を仕上げておこうという理由もあったんだろうけど。

「真夏の出来事」の衝撃

近田　詞をはめ込むに当たって、京平さんから何か要望はありましたか。

橋本　「言葉が当たっていくように」とはよく言われましたね。ビートに合うように、という意味なんだと思います。そうそう、僕が人生で一番ショックを受けたのは、京平さんがピアノで弾く平山三紀（現・みき）の**「真夏の出来事」**のリズムを聴かされた時のことなんですよ。

近田　あの曲が発売されたのは、昭和46年、グループサウンズのブームがすっかり冷めた後になります。

橋本　ついこの間まで、橋幸夫の「霧氷」（作詞：宮川哲夫　作曲：利根一郎／昭41）とかが流行ってた歌謡曲の世界に、あの曲を送り出すというのは衝撃以外の何物でもなかった。これ、歌になるのかなって思ったほど。あの時点で、京平さんと1、2回アメリカに行ったことがあったんですけど、現地で何か感じたものがあったんでしょうね。僕なんか、踊りもできなかったから、この詞を書くために「ザ・ヒットパレード」の振付師の人にダンスを習いに行ったぐらい。

「真夏の出来事」

近田　三紀ちゃんはすぐに対応できてました？

橋本　いや、ラララでいいから歌ってみてと言われても、全然歌えない。16ビートに近い「真夏の出来事」は、そのぐらい革新的な曲でした。

近田　三紀ちゃんは、淳さんと京平さんが設立した事務所に所属していましたよね。

橋本　はい。ホテルニュージャパンの裏にあったアパートみたいな建物に、「宝島音楽事務所」というオフィスを構えていました。彼女は、デビューまで1年ぐらいかけて、ずっと事務所で歌を練習していたんです。

近田　当時は、淳さんも京平さんも多忙を極めていた時期に当たります。

橋本　まあ、僕は半分遊んでたようなものですけど（笑）、京平さんは大変だった。結婚してから数年は、ほとんど家に帰れなかったんじゃないかな。あの頃はほとんどアレンジまで自分で行っていたから、写譜屋さんに泊まり込んで、お風呂までそこで入らせてもらっていた。そこに、奥さんが下着の替えを届けていたりしましたよ。

近田　写譜屋さんというのは、全体の編曲が済んだ後、レコーディングに参加する楽器の奏者用にそれぞれのパートごとの譜面を清書する職業ですね。

橋本　京平さんは、翌日に録音する曲を前の晩にアレンジするような綱渡りも日常茶飯事でした。すごい過密スケジュールだから、彼の雇う写譜屋さんも一人じゃ足りなかった。日々、いろんなところを渡り歩いていましたよ。

曲作りに3分、アレンジに5、6時間

近田　淳さんは、京平さんの曲作りを最も身近で見ていた方の一人だと思います。

橋本　僕は、作曲するのに京平さんが悩んでいる姿を見たことがない。1曲作るのにかかる時間は、せいぜい3分ですよ。要するに、肝《きも》はアレンジを頭で完成させることだから……。コード進行が自分の中で完成したら、もう、メロディーをその隙間に埋めていく。

近田　京平さんのコードに対する感覚には、卓越したものがありました。

橋本　もともとモーツァルトのコンツェルトを易々と弾けちゃった人が、高校に入ってからは渋谷のジャズ喫茶に深夜まで入り浸って、コードを学び尽くしたわけだから。ただ、曲そのものは3分でできても、アレンジは1曲につき最低5、6時間はかかるんで、さっき言ったような毎日を送ることになってしまうわけ。

近田　アレンジは、それ相応に時間がかかりますよね。

橋本　最初の頃は曲作りも複雑ではなかったけれど、時代の変化とともに譜面が複雑にな

っちゃって。一曲の中での動きが激しくなって、難しくって歌詞もそう簡単にははめられない。うちには、京平さんが曲だけ完成させた譜面が20曲だか30曲だか残っているから、いずれは僕が歌詞をのせて発表したいと思ってるんですよ。

近田　ぜひお願いします。期待しています。

橋本　京平さんと他の作曲家を比べて思うのは、例えば、中村泰士さんにしても平尾昌晃さんにしても、易しいコードを使って、ギターを演奏して曲を完成させるという印象がある。でも、京平さんの場合はそうじゃない。論理的にビシッとやる。そこがすごいんだよね。

いちばん相性のいい作詞家は有馬三恵子

近田　きちんと数学的に構築されているんですよね。ところで、淳さんご本人以外で、京平さんと相性のいい作詞家というと誰を思い浮かべますか。

橋本　有馬三恵子さん。どの曲を見ても完璧だと思う。

近田　「17才」（昭46）を始めとする南沙織の多くの楽曲で、京平さんと組んでいますね。郷ひろみの**「わるい誘惑」**（昭49）もこのコンビによる作品です。

橋本　有馬さんと組んだ時の楽曲には、他の場合にはない膨らみがもたらされるんですよ。京平さんの気持ちにポンと届くような歌詞なんじゃないかなと思う。いつだったか、京平さんに直接その意見を伝えたら、「そう？」と素っ気なく答えてたけど。

近田　これは淳さんの前だから言うわけじゃないんですけど、僕は、淳さんと組まれている時の京平さんの楽曲が、一番軽い感じがして好きなんですよね。

橋本　初期の楽曲には、京平さんのクリエイティビティがあふれていると思います。若い力が動いている感動があります。ヒットを重ねると慣れというか感動が薄れるというか、何か、今ひとつ胸の奥まで迫ってこなくなる。そこが残念だよね。

近田　まあ、それは、職業作家というものの宿命でもあると思います。

橋本　京平さんは、本来はずっと、ブルーベックやジョージ・シアリングなど、クールな白人ジャズのような音楽が好きだった。だから、ソウルやR&B、ディスコといった黒人音楽は、好きではなかったかもしれない。相当な努力を経て、その素養を身に付けたんじゃないかと。

「わるい誘惑」

近田　スリー・ディグリーズの**「にがい涙」**（作詞：安井かずみ／昭50）とか、浅野ゆう子の「セクシー・バス・ストップ」（作詞：橋

「にがい涙」

本淳／昭51）とか、ブラックミュージックの影響の濃い京平さんの名曲を聴きながら、そういうサウンドもお好きなのかと思い込んできましたから、今の淳さんのご指摘は意外でした。

橋本　ああいった曲を作れるようになるまでは、かなり研究を重ねているはずです。京平さんは、長いキャリアの中で、いろんなものを捨てながら変わっていった。そうやって脱皮するには、相当な力が要る。彼は脱皮し続けて50年以上だから、本当にすごいですよ。

大好きだった平山三紀の声

近田　歌い手としては、どんなタイプを評価していたんでしょうか。

橋本　基本的には、変にビブラートがかかるとか、声に癖がある人は好きではなかったかな。やっぱり、ストレートボイスで声が前に出る歌手が好みだったと思う。

近田　でも、平山三紀ちゃんなんかはだいぶ癖がありますよね。

橋本　確かに。あの人の特徴的な声は、また違う意味で大好きだったんですよ。だから、正統派に提供するものとは異なる実験的な曲を歌わせて、テストみたいなことを行っていた。そういう意味では、彼女は幸せだったし、ちょっと不幸せでもあった。

近田　そのことには、彼女自身も気づいていたと思いますよ。

橋本　昭和54年に、平山三紀の『MIKI WORLD 魅嬉環嚠[illegible]』というアルバムを録音するために、三紀ちゃんと京平さんと3人でロサンゼルスに行ったんですよ。あの作品は、京平さんの仕事の中でも突出して完成度の高いものだと思います。「フィルム シティ モーテル」という曲のレコーディングが終わった瞬間、アメリカ人ミュージシャンが拍手していたことを覚えています。あまりに素晴らしい曲で、向こうのミュージシャンもびっくりしたみたい。僕、京平さんがもしもアメリカに生まれていたら、バート・バカラックを超える作曲家になっていたんじゃないかと考えることがあるぐらいなんです。

近田　そんな京平さんは、なかなか他人に素顔を見せない人でしたよね。

橋本　そう。「ここから先は入ってきちゃダメよ」という無言の仕切りがある。

近田　淳さんですらそう感じるってことは、もっと関係の浅い人との間なら、そのアクリル板はさらに厚みを増していたんじゃないですか。

橋本　亡くなってから、テレビや何かで京平さんとの思い出を語っている人がいるけど、そんなに親しげに接していたのかなあと不思議に感じることも多いんですよ。

近田　京平さんがどういう風にお仕事をされていたのかも、知っている人は少ない。

橋本　不思議なのは、彼の家に行っても、ステレオを目にしたことがない。いつもチープなラジカセで音楽を聴いてるの。「もうちょっといいので聴けば？」と言っても、全然それで構わない。楽器にしたって、ヤマハのシンセサイザーが1台あるぐらいで。

近田　普通の人は、筒美京平のような大作曲家ともなれば、大きな部屋の真ん中でグランドピアノでも弾いてるようなイメージを抱きますよね。

橋本　万事、執着心がない。彼は40歳を超えたあたりから難しい本をものすごくたくさん読むようになったんだけど、読み終わるとすぐにあっさり処分しちゃう。だから、彼の家を訪れても、書棚に本がずらりと並んでいるなんてことはない。

近田　僕にも近いところがあるから、その気持ちは分かりますよ。

「あんたのせいでこんな人生に」

橋本　それから、あれだけ多忙なのに、アシスタントとかマネージャーとか、そういう役割を果たすスタッフも、原則的には雇っていなかった。

近田　相当忙しいと思われる時でも、本人が電話を取ってらっしゃいましたもんね。自分一人の方が効率的に仕事がこなせるんでしょうね。

橋本　何でも、ササッとやって、ハイッと渡してしまう。それでいてパーフェクト。趣味の園芸もそうで、広い庭全部一人で面倒を見て、家族にも手を出させない。

近田　僕も何度か、京平さんから園芸やってみないかって勧められましたよ（笑）。

橋本　いつだったか、だいぶ昔に、こんなことをいきなり聞かれたことがあるんです。「60歳になったら、花屋とパン屋のどっちをやる？」って。「何それ？」と聞き返すと、「還暦を迎えたらお互い今の仕事を辞めて、お金を出し合って店をやろう」だって。

近田　その計画、実現したら面白かったでしょうね（笑）。結局、京平さんは60歳を超えてもずっと作曲を続けてたわけですけど。

橋本　僕の方はといえば、40歳を何年か過ぎた頃から、この仕事に行き詰まって、もう、ずっと続けていくのが嫌になって、創作のペースをだいぶ落としたんですよ。創作的な仕事が単純化されてバクハツするイメージがなくなった。京平さんと一緒に作った宝島音楽事務所も畳んじゃっていたし。

近田　それ以降の京平さんを見て、何か思うところはありましたか。

橋本　特定のレコード会社と音楽出版社と彼が手を携えて、ヒットを追求するグループみたいに変化した印象がある。あれが、彼の後半生を苦しめたんじゃないかと思うぐらい。そもそも、彼本人はお金に対しては淡泊な人だから。

近田　ええ。いわゆる守銭奴的ながめつさは、一度も感じたことがありませんね。

橋本　彼の資質には、両親から受け継いだ事業家的な側面もあった。やっぱり、戦場みたいな場所に身を置くことが好きだったのかもしれない。

近田　なるほど。持って生まれた血がそうさせたんですかね。

橋本　商売を度外視して、クリエイティブな欲望を全開にしたものを作ってもよかったと思うんだけど、一定の許容範囲を飛び越えた冒険に打って出ることはなかった。いつも、端正に、作品作りをやってきたじゃないですか。檀一雄のような無頼の徒にはなれない。僕なんかからすると、京平さんはお金も十分稼いだんだから、余生は心豊かに家族とゆっくり楽しめばいいんじゃないかと思ったんだけど、そっちの道は選ばなかった。

近田　京平さんの晩年も、淳さんとは交流が深かったと聞きます。

橋本　亡くなる前、病院までお見舞いに行くと、僕の顔を見ては、「あんたのせいでこんな人生になっちゃった」とこぼしてましたよ。だいぶ疲れた感じでね。自分の思い描いていた人生と実際の人生には、差があったんじゃないかな。

格別な思い入れのあった「スワンの涙」

近田　入院中、何か他にも印象深いエピソードはありましたか。

橋本　亡くなる前に、涙を流しながらこんなことを語ってたんですよ。南佳孝のカバーした「スワンの涙」（2016年）を聴いていたら、胸が苦しくなったって。

近田　じゃあ、あの曲には格別な思い入れがあったということなんでしょうね。京平さん、こういう質問してもどうせはぐらかして答えないだろうと思って、自分が作った曲の中でどれが好きなのかなんて、僕も生前には尋ねなかったから。

橋本　でも、彼の一生を思うと、自分でも嫌になるぐらいいい曲に恵まれて、簡単にはどの曲が好きだなんて答えられなかったのかもしれない。

近田　京平さんは、最近の音楽に関しても興味を持ってらっしゃいましたか。

橋本　彼との間で最後に交わした音楽の話題は、ブレナ・ウィテカーについてでした。

近田　その名前は知りませんでした。どんなミュージシャンなんですか。

橋本　デイヴィッド・フォスターが発掘した金髪の女性シンガーで、バート・バカラックのナンバーなんかもカバーしている。僕がどこかで彼女のことを読んで、CDを買ってみたらとてもいいなと思ったんで、京平さんにも聴かせたんですよ。そしたら、「あんた、いいの知ってるね。パーフェクトで最高」だって。

ぽっかりと開いた大きな穴

近田　亡くなる直前の京平さんは、どんなご様子だったんですか。

橋本　もともと無口な人ではあったけど、だんだんしゃべることも少なくなっていました。最後は体重が30キロを切って、いわゆる骨と皮みたいな状態で。

近田　京平さんが亡くなったことは、どういう形でお知りになりました？

橋本　京平さんの奥さんから電話がかかってきたんですよ。「栄ちゃんが死んじゃった」って。腰が抜けましたよ。まだ先の話だと思っていたから。

近田　京平さんのお葬式に出られたのは、ご親族以外では淳さんのご一家だけだったと聞きました。

橋本　ええ。彼の奥さんは牧師さん一家の出身で、葬儀は鎌倉の雪ノ下教会で行われました。

近田　淳さんと出会わなければ、京平さんがプロの作曲家になることはなかった。その意味で淳さんは、京平さんのみならず日本の音楽界にとっての大恩人だと思います。

橋本　京平さんが亡くなって、ぽっかりと大きな穴が開いた感覚を覚えます。彼という存在は、太い線として日本の音楽の歴史を貫いてきた。歌謡曲であろうとそうでなかろうと、常に大きな比較対象としてそこにあったわけです。それがなくなっちゃって、これからの音楽界はちょっとした乱世を迎えるのかな、そんな風に思いますね。

近田　確かに、喪失感は大きくなるばかりですね。

橋本　イタリアオペラのアリアが不滅に歌い継がれるように、京平さんの作ってくれたたくさんのいい歌も、ずっと歌い継がれていくんじゃないかと信じています。

■付録・橋本淳が選ぶ12曲

尾崎紀世彦**「また逢う日まで」**

作詞：阿久悠　編曲：筒美京平　昭和46年3月5日発売　日本フォノグラム

エイトビートから作り出した、日本で一番最初の歌謡曲のロック版。

堺正章**「さらば恋人」**

作詞：北山修　編曲：筒美京平　昭和46年5月10日発売　コロムビア

イントロの後、半小節休んでから歌に入る革新性。その大胆な試みが素晴らしい。

渚ゆう子**「雨の日のブルース」**

作詞：橋本淳　編曲：筒美京平　昭和46年8月5日発売　東芝音工

作りそのものは非常に単純な曲が、ミュージカル仕立てのスケールの大きい音楽に仕上がっている。

太田裕美「**木綿のハンカチーフ**」
作詞：松本隆　編曲：筒美京平、萩田光雄　昭和50年12月21日発売　CBS・ソニー
真の意味でのヒット曲の原型がここにある。

スリー・ディグリーズ「**にがい涙**」
作詞：安井かずみ　編曲：深町純　昭和50年2月1日発売　CBS・ソニー
京平さんが、本来あまり得意ではない黒人音楽を見事に消化した。

郷ひろみ「**恋の弱味**」
作詞：橋本淳　編曲：筒美京平　昭和51年2月1日発売　CBS・ソニー
郷ひろみの曲の中では特に売れた部類には入らないんだけど、すごくヒップなナンバー。

マモル・マヌー**「サンゴ礁の娘」**
作詞：阿久悠　編曲：筒美京平　昭和46年7月5日発売　東芝音工
元ザ・ゴールデン・カップスのドラマー兼ヴォーカリストの3枚目のシングル。当時の歌謡曲にはなかった一つの方向性を示した。

いしだあゆみ**「ブルー・ライト・ヨコハマ」**
作詞：橋本淳　編曲：筒美京平　昭和43年12月25日発売　コロムビア
京平さんと僕が作った最大のヒット曲なので。

南沙織**「色づく街」**
作詞：有馬三恵子　編曲：筒美京平　昭和48年8月21日発売　CBS・ソニー
良識というものを感じる、いい曲。

南沙織**「ひとかけらの純情」**
作詞：有馬三恵子　編曲：筒美京平　昭和48年12月5日発売　CBS・ソニー
「色づく街」に続くシングルも好き。京平さんと有馬さんは本当に相性がいい。

浅野ゆう子**「セクシー・バス・ストップ」**
作詞：橋本淳　編曲：高田弘　昭和51年4月25日発売　RVC
「にがい涙」と同じく、ブラックミュージックを研究し尽くし、しっかり自分のものとしている曲。

稲垣潤一**「夏のクラクション」**
作詞：売野雅勇　編曲：井上鑑　昭和58年7月21日発売　東芝EMI
湘南に家を建てた京平さんは、東京から向こうに行く時にこの曲を聞いていたかも。そんなシチュエーションが似合う。

（※コメントは橋本氏）

第9章　歌い手・平山みきの眼に映じた〝父〟の肖像

平山みき　東京都大田区に生まれる。旧芸名は平山三紀。昭和45年「ビューティフル・ヨコハマ」でレコードデビュー。2作目にリリースした「真夏の出来事」が50万枚の大ヒットとなり、一躍人気歌手となる。ほかに、「フレンズ」「恋のダウン・タウン」「真夜中のエンジェル・ベイビー」「マンダリンパレス」など、作詞家・橋本淳&作曲家・筒美京平の秘蔵っ子としてヒット曲を連発。現在もライブやショーに出演中。

年に一度の食事会

近田　京平さんが楽曲を提供した歌い手の中でも、みきちゃんぐらい付き合いが長くて深い人っていないんじゃない？

平山　ええ。確かにそうかもしれない。

近田　最後に会ったのって、いつ？

平山　亡くなる2年ぐらい前かな。年に一度ぐらい、仕事で京都から東京に行ったときに、橋本淳さん夫妻と京平さん夫妻がスケジュールを合わせてくれて、ご飯を食べることを恒例にしてたの。結局、その年の会食が、直接お目にかかった最後の機会になってしまいました。

近田　そのぐらいまでは、まだ外食できるぐらいの体力はあったんだね。

平山　その後、京平さんの調子が悪くなって、会うことは難しくなったんだけど、それまでと変わらず、5月28日の誕生日には毎年携帯に電話をかけることにしてたの。これは確か、最後に食事したのと同じ年だったと思うんだけど、電話口で「もしもし、平山みきでーす。おめでとうございまーす」と言ったら、「……明るいわね」って返されてさ（笑）。

近田　京平さんらしいなあ（笑）。

平山　一生懸命テンション上げてお祝いを言ったのに、そんな返事されて困ったわ。まあ、でもその後に、「ありがとう」とは付け加えてくれて。

近田　京平さん、優しいなあ。

平山　その翌年、つまり亡くなる前の年の誕生日、京平さんの携帯に電話したら、出ない。自宅の電話にかけ直してみたら、奥様が出た。京平さん本人とは話せなかったんだけど、「おめでとうございます」と伝えたら、奥様が「今ここにいるわよ。ニコニコしてるわ」と教えてくれたの。あれが、京平さんと私の間の最後のやり取り。

キリスト教式の位牌に向かってさよなら

近田　京平さんが亡くなったことは、どういう形で知ったの？

平山　テレビのニュースで見て。亡くなった事実は、5日ぐらい経ってから公表されたじゃない？　その時には、お葬式はすでに終わっていた。

近田　ほとんど身内だけで済ませちゃったらしいもんね。

平山　実は私、京平さんが亡くなったその日に、たまたま淳さんと電話でしゃべってるのよ。でも淳さんは、京平さんの死を私に伝えるか伝えないか迷った末、言わないまんまだったのよ。もしもその時、「京平さんの調子はどう？」とでも尋ねたら、本当のことを教えてくれたのかもしれないけど。

近田　まあ、周囲にも伏せてたわけだし、その辺の判断は難しいところだよね。

平山　ニュースが報じられた1週間後ぐらいに、私、淳さん夫妻と3人して京平さんのお家にうかがったの。そして、キリスト教式の位牌に向かってさよならを告げて、みんなで京平さんの思い出を話して帰ってきた。

長靴を履いた胡散臭い輩

近田　その時も恐らく話に出ただろうけど、京平さんとの出会いを覚えてる？

平山　ええ。歌手を目指していた私は、最初は渡辺プロが直営していた銀座の「メイツ」という音楽喫茶で歌ってたのよ。2年ぐらいそこに出演してたんだけど、途中で、もうデビューする見込みはないだろうな、ナベプロは私に興味を持ってないだろうなと自分の中で薄々分かってきたので、その店を辞めちゃったの。それが昭和44年のこと。その後、しばらくしたら、「日本コロムビアに紹介しますよ」という男性が現れた。それが、何だか胡散臭《うさんくさ》い感じの人だったんで、あんまり信用していなくて。

近田　昔は、そういう怪しげな人がいっぱいいたからね。

平山　その人に言われるまま、半信半疑ながらも、ある日、うちの父が運転する車に乗って、赤坂にあったコロムビアに向かったの。雨の日だったんだけど、そこで出てきたディレクターを名乗る男性の足元を見ると、ゴムの長靴を履いている。いくら何でも、華やかな芸能界に関わる人間が、長靴でレコード会社の中を歩いてるのはおかしいじゃない？これは絶対、例の胡散臭い輩《やから》と一緒に私を騙そうとしてるなと思って、デビューの話を持ちかけられても「はいはい」と受け流して、帰ってきたのよ。

近田　結構、疑い深い性格だったんだね（笑）。

平山　うちの姉は女優だったじゃない？

近田　平山洋子さんだっけ。その昔は、園江梨子や園えり子とも名乗ってたよね。

平山　そう。その姉の知ってる人がコロムビアにいたので、「コロムビアの社内で若い女の子を騙そうとしているのがいる」って報告したら、「三紀ちゃん、そいつを捕まえなくちゃならないから、おとりになって連絡を取ってくれ」と言われて。

近田　本当の話なの、それ？（笑）

平山　本当なのよ（笑）。自称ディレクターがまた接触してきたから、さっきの姉の知人に連絡したら、「その男を探します」って。所在を突き止めてみたら、何のことはない、本物のディレクターだった（笑）。それが、後に私の担当になる渥美章さん。

近田　じゃあ、コロムビアに所属することが先に決まってたのね。

初対面で歌った「ブルー・ライト・ヨコハマ」

平山　まあ、その時点では確定はしてなかったと思うんだけど。そんなある日、渥美さんが「京平さんと淳さんに紹介します」と言って、赤坂のホテルニュージャパンの中にあった宝島音楽事務所まで連れて行ってくれて、メディア嫌いのお二人の顔を初めて見たのね。

そこにはピアノが設《しつら》えてあって、その前の椅子に座っている男性と、横に立っている男性が二人して待っていた。

近田　それが京平さんと淳さんだったんだ。

平山　当然、座ってる方が筒美京平で、立ってる方が橋本淳だと思うじゃない。でも、いざピアノを弾く段になったら、二人の場所が入れ替わった。

近田　何だそれ。紛らわしいな（笑）。

平山　そこで、京平さんのピアノにのせて、「ブルー・ライト・ヨコハマ」（昭43）とか、何曲か歌ったのよ。あと、題名は忘れたけど、チコとビーグルスの曲も歌った記憶がある。

近田　京平さんと淳さんの作った曲となると、「新宿マドモアゼル」（昭44）かな。それで、二人の反応はどうだったの。

平山　すぐ気に入ってくれて、そのまま宝島音楽事務所に所属することになった。ちなみに、その二人に会うことを姉に告げた時に判明したんだけど、彼女は、私よりも前に、京平さんと淳さんに会った経験があったのよ。

近田　お姉さんも、歌手としてレコードを出してたもんね。

平山　そしたら、「あんたね。あの人たち、すっごいイヤな人たちだからね。気をつけなさいよ」だって。姉は、「あんたね、芸能界辞めて結婚した方がいいよ」と言われて、相当頭に来て帰ってきたらしい（笑）。後になって、淳さんにその時のことを聞いたら、「お姉さんは女優さんだけあってきれいな人だけど、歌手としてヒットが出せるとは思わなかったから」という話だった。実際、歌手デビューしたけどヒットしなかったから、その勘はさすがに正しかったのかもしれない（笑）。

近田　追い返した姉の後に、その妹が来るとは思わなかっただろうね（笑）。

1年間、来る日も来る日も練習

平山　考えてみれば、あの時、私が20歳だったから、淳さんも京平さんもせいぜい30歳をちょっと過ぎたかどうかぐらいだったはず。それにしては、しっかりしすぎてるぐらいで、すっかりおじさんの雰囲気でしたよ。

近田　僕が京平さんに初めて会ったのは、昭和51年ぐらい。ということは、当時の京平さんは36歳かそこらか。例えば今時のジャニーズだったら、まだアイドルやっててもおかしくない年齢だもんね。昔はみんな、若いうちから老成してたんだよね。

平山　その場で二人は私に、「これから毎日、レッスンにいらっしゃい」と言ってくれた。

それで私、実家のあった蒲田から事務所のある赤坂まで、毎日通い始めたの。お昼過ぎに「おはようございます」と挨拶してオフィスのドアを開けると、事務の女の人たちしかいない。しょうがないから、ピアノの近くのソファに座ってずっと待っているんだけど、京平さんも淳さんも来ない。何もしないまま、夕方になったら帰るという日々の繰り返し。

近田　あの二人は、あんまり事務所に来なかったんだ。

平山　たまに、どっちかが顔を出したりするじゃない？　「あっ、来た」と思って、「おはようございます」と声をかけるんだけど、「ああ」とか言って、何かの打ち合わせを終えるとそのまま帰っちゃうのよ。1カ月ぐらいはずっと、どうしたらいいものかと悩んでいた。しばらくしたら、ある日、事務所にやってきた淳さんがいきなり、「何で『レッスンしてください』って自分から頼まないんだ」と言うのよ。

近田　向こうが来いって言ったのに（笑）。

平山　ああ、それをこっちから言わなくちゃいけないんだとようやく分かったのよ。

近田　レッスンはどんな様子だったの？

平山　京平さんがいる時は、本人がピアノを弾きながら教えてくれた。淳さんの場合は、テープを聴きながらのレッスン。デビュー曲に決まった**「ビューティフル・ヨコハマ」**の

「ビューティフル・ヨコハマ」

伴奏を京平さんがピアノで弾いたテープが用意されていたから。

近田　ずっと「ビューティフル・ヨコハマ」だけを練習してたの？

平山　そう、デビューまでの1年間、来る日も来る日もほとんどそればかり。だから、飽きましたよ、私。

デビュー曲と2枚目の「真夏の出来事」

近田　その頃、レッスン以外に、二人とはプライベートな部分での付き合いもあったの？

平山　淳さんも京平さんも、私に洋服を買ってくれたりしたのよ。淳さんの場合は、「自分のガールフレンドがどこそこで店をやってるから、そこ行って、好きなものを買ってこい」。京平さんの場合は、「僕の伯母さんが洋裁をやってるから、そこ行って、洋服を作ってもらっておいで」。

近田　二人のタイプの違いを見事に物語ってるな（笑）。それで、昭和45年11月に「ビューティフル・ヨコハマ」でデビューを果たすことになるわけだよね。

平山　あの曲には、〈踊り上手な　ハルオにゼンタ〉という歌詞があるんだけど、ハルオは淳さんの、ゼンタは京平さんの息子さんの名前なのよ。

近田　そうなんだってね。自分もハルオなもんで、ずっと気になってたのよ。だって、歌の文句に出てくるにしては、ハルオもゼンタもそれほど一般的な名前じゃないから（笑）。

平山　シングル発売の1年後に、『ビューティフル・アルバム』というLPもリリースしたんだけど、そこには洋楽のカバーが6曲入ってるの。その選曲はみんな京平さん。

近田　どんな曲が入ってたっけ？

平山　ビートルズの「ア・ハード・デイズ・ナイト」（1964年）とか、ダスティ・スプリングフィールドの「この胸のときめきを」（1966年）とか、映画の『ある愛の詩』（昭和46年日本公開）の主題歌とか。

近田　その後は、どんなペースでリリースが続いたの？

「真夏の出来事」

平山　あの時分のアイドルって、3カ月に1枚のペースでシングルを発売するのが普通だったじゃない？　でも、私が2枚目の新曲**「真夏の出来事」**をリリースしたのは、デビューから半年以上経った昭和46年のことだった。私、いわゆるアイドルからはかけ離れてるところがあるのよね。

近田　それは、当時のリスナーも感じ取っていたと思う。

ご褒美のアメリカ旅行

平山　実は私、「真夏の出来事」の時に、事務所を移籍してるんです。淳さんと京平さんの運営していた宝島音楽事務所から、芸映に預けられた。おそらく、あくまでも作家の事務所である宝島では、上手くプロモーションができないという理由だったんだと思う。

近田　当時の芸映というと、いしだあゆみが主力だったよね。

平山　その後しばらくして、今度はバーニングに行くんだけど、どの移籍に関しても、淳さんと京平さんがお膳立てしてくれていた。普通、事務所を移る時はいろいろ揉めるじゃない？　でも、私に関しては、二人のおかげで何ひとつトラブルが起こらなかった。

近田　ちなみに、宝島には、みきちゃん以外の所属タレントはいたの？

平山　歌手はいなかったはず。作家はいたと思う。作詞家のちあき哲也さんとか、後に庄野真代さんと結婚する作曲家の小泉まさみさんとか。

近田　「真夏の出来事」は大ヒットしたよね。

平山　あの曲のヒットのご褒美として、京平さんや淳さんも含め、みんなでアメリカ旅行に行けることになったのよ。ところが、どこか虫の居所が悪かったのか、直前になって、京平さんだけが急に行かないことになった。

近田　何か、へそを曲げちゃったのかね（笑）。

平山　いまだにはっきりした理由は分からない。その時は、ロサンゼルスとサンフランシスコ、それからラスベガスに行ったのよ。ラスベガスでは、エルヴィス・プレスリーの公演を生で観た。

筒美京平と橋本淳の板挟み

近田　それは貴重な経験だね。「真夏の出来事」以降の活動はどんな感じだったの？

平山　普通、一つヒット曲が出ると、次も似たような曲を売り出すじゃない？　でも、私の場合は、それをわざとしなかったのよね。

近田　京平さんも淳さんも、二匹目の泥鰌《どじょう》は狙わなかったんだ。

平山　うん。だから売れなかったんだけど（笑）。「真夏の出来事」の5カ月後に出したその3枚目のシングルが「**ノアの箱舟**」。この頃になると、デビュー以前のようには、レッスンの時間が取れなく

「ノアの箱舟」

なっていた。

近田　一躍スターダムに登り詰めたわけだし、引っ張りだこで忙しかったんだろうね。

平山　特に京平さんにはなかなか会えなかったから、テープに録った京平さんの伴奏に合わせて淳さんが歌いながら教えてくれることが多かったの。「ノアの箱舟」をレコーディングする段になって、覚えた通りに歌い出したら、京平さんが開口一番、「それ、全然違うんだけど」だって。

近田　淳さんの歌い方が間違ってたってことなのね（笑）。

平山　そう。半音上げるべきところを、淳さんは1音上げていた。でも、一度身に付いちゃうと、なかなか直すのは難しい。特に私、大勢がいるところで訂正されても、頭に入らないのよ。誰もいないところじゃないと冷静に覚えられない。まあ、アカペラなら正しく歌えるようにもなるんだけど、カラオケに合わせると、それに釣られて元に戻っちゃう。繰り返し歌ってもダメだから、「今日はやめよう」っていうの、何回かありましたよ。

近田　そういう時、京平さんはだんだん怖くなるの？

平山　意外と怖くなる（笑）。

近田　淳さんはどう。しょっちゅう泣かされてたんじゃない？（笑）

平山　スタジオに入ってきた淳さんに、いきなり怒鳴られたことがあるのよ。「ええっ？」と驚いて、泣いちゃうじゃない。淳さんは、そういうことをすると、歌手の感情が極まっていい歌が歌えるようになると思ってるわけ。

近田　人それぞれだねえ。

平山　京平さんと淳さんが一緒にスタジオに来てくれれば問題はない。現場で二人の意見がぶつかって揉めることもなかったから。だけど、どっちも忙しいから、たいがいは別々に来る。すると、別々のこと言うのよ。指示の内容が右と左ぐらい違ったりして（笑）。

近田　板挟みになっちゃうわけだ。

平山　ただ、振り返ってみると、私、京平さんに歌い方を直された経験はあんまりないんですよね。京平さんの想定とちょっと違うメロディーで歌った場合でも、「あ、そっちの方がいいから、それでいいよ」ということがあった。

近田　柔軟なんだね。その時の気分によるのかもしれないけど。

平山三紀の声は「楽器だ」

平山　京平さんって、歌の上手さをすごく重視してるわけでもないんだよね。

近田　これは絶対的に言えることだと思うんだけど、京平さんは、みきちゃんの声が本当に好きだったんだよね。

平山　うん。「好きだ」って言ってた。「一番気に入ってる」って。それから、郷ひろみさんのことも好きだったと思うのね。私とタイプが似てるじゃない？

近田　似てる似てる。

平山　当時、買い物に行った先で、スピーカーから歌が流れてきたのよ。「あれっ、私の曲？」と思ったら、郷ひろみさんの曲だったっていう（笑）。

近田　みきちゃんなりひろみ君なりの声に、楽器としての魅力を感じたんだと思う。

平山　私の声について、京平さんは確かに「楽器だ」と言ってた。

近田　だから、そのみきちゃんの声を駆使して、他では決してできない実験を試みていたんじゃないかな。まさに秘蔵っ子だよね。

平山　もともと自分たちの事務所の所属だったから、大胆なことができたんでしょうね。

近田　昭和49年に、みきちゃんはコロムビアからＣＢＳ・ソニーに移籍し、その翌年、『平山三紀ヒット全曲集』というベスト盤を出すよね。あのアルバムでは、コロムビア時代の楽曲を新たに吹き込み直している。京平さんによるアレンジ自体はそれほど変わっていないんだけど、割とテンポが速くなっている。

平山　つまり、軽くなったのよね。

近田　その軽さが俺は好きなのよ。ほとんどの場合、ヴォーカルの再レコーディングは、オリジナル当時の録音の魅力には敵わない。でもあのアルバムだけは、例外的によくなってるんだよね。一時期の僕は、カーステレオでは平山三紀と郷ひろみのベスト盤しか聴いてなかったぐらいだから。しかも、ものすごい爆音でさ。

平山　ありがとうございます（笑）。

お父さんのような存在

近田　あの頃から、京平さんのすごさに本格的に気づき始めた。しかし、京平さんがみきちゃんのことを気に入ったのは、おそらく声だけが理由じゃないよね。それ以外にも、馬が合う部分があったということなのかな。

平山　私、仕事以外では本当に普通の女の子だったんですよね。今でもそうだけど、お酒も飲まない。タバコも吸わない。遊び回ったりもしない。父が警察官で家庭も厳しかったから、「毎日家にちゃんと帰ります」みたいな感じで。

「恋のダウン・タウン」

「真夜中のエンジェル・ベイビー」

近田　みきちゃん本人は、歌のイメージとは全然違うよね。

平山　あの頃、赤坂にあった「ムゲン」とか「ビブロス」とか、いわゆるディスコみたいな場所にも一度も遊びに行ったことがないのよ。

近田　そうなんだ。**「恋のダウン・タウン」**（作詞：橋本淳／昭48）や**「真夜中のエンジェル・ベイビー」**（作詞：橋本淳／昭50）を聴いたリスナーは、みきちゃんのことを生粋の遊び人だととらえてただろうにね（笑）。

平山　そうじゃないのがよかったんじゃないかな、芸能界に染まらなかったところが。実は、京平さんからは常に「早く結婚して、芸能界を辞めた方がいいよ」と言われてたのよ。

近田　京平さんも、派手な世界は嫌いだもんね。芸能界の体質とはまったく肌が合わない。

平山　もう一つ、「親が口出ししてきたら面倒臭いから、それはやめてね」とも言われた。それもあって、京平さんのこと、私はずっとお父さんみたいなものだと思ってたの。

言い方は優しく、中身は厳しい

近田　京平さんに怒られたことはある？

平山　ない。でも、怖いのは怖いのよ。芯がしっかりしていて、本当のことしか言わないから。電話でしゃべるのが一番怖かったな。真剣にしゃべらなきゃいけないと思うと、しどろもどろになっちゃって。

近田　京平さんに対しては、嘘やごまかしが効かないんだよね。そして、あの人は言い方が優しくても、その中身は結構厳しい。

平山　近田さんは京平さんに怒られたことある？

近田　俺が芸能界でちょっとちやほやされて、調子に乗ってた時期に、わざわざ呼び出されて、素行の乱れを厳しく注意されたことがある。「僕、そういうのは本当にイヤだから」「これからはそういうこと、もうしないでしょうね」って（笑）。

平山　私なんかは、例えば男女関係についても潔癖だったから、そこら辺が気に入られて、かわいがられてたのかもしれない。

近田　そんなみきちゃんは、昭和52年にバンバンことばんばひろふみと結婚するじゃない。その時は、事前に京平さんにも報告に行ったりしたわけ？

『MIKI WORLD 魅嬉環嚠嬲』

平山　「噂を聞いてしまったので、連れてこい」という話になったのよ。それで、京平さんと淳さんのところに、それぞれ別の機会にバンバンと一緒に挨拶しに行った。彼はちゃんとスーツを着込んでね。京平さんは、「いい人みたいじゃない？」と言ってくれて、その後、旦那には1、2曲、曲も書いてくれたんですよ。

近田　聞きにくいことだけど、28年後に離婚した時は？

平山　何かのタイミングで、別れたことを伝えて、それだけで終わったかな。離婚したことに関しては、特に何も言われてない。

ロスでのレコーディング

近田　昭和54年には、ワーナー・パイオニアから『MIKI WORLD 魅嬉環嚠嬲』というアルバムをリリースするよね。全曲、作詞は淳さん、作曲は京平さん。京平さんは、半数以上の編曲とアルバム全体のプロデュースも手がけている。

平山　レコーディングはロサンゼルスのスタジオで行うことになり、淳さんも京平さんも現地入りしたの。ところが、何日か日程を残した段階で京平さんが帰っちゃって（笑）。

近田　プロデューサーなのに？　こないだは直前でアメリカに行くのをやめたけど、今回は途中で帰っちゃったんだ。

平山　空いた時間に、みんなでカジノに出かけたりしてたから、それが嫌で帰ったのかもしれない。

近田　それは想像つくわ。京平さん、真面目だからね（笑）。

平山　一方の淳さんはというと、ギャンブルが大好き。

近田　あの二人は、そこが全然違うんだね。

平山　京平さんはお酒を結構飲むけど、淳さんは全然飲めない。

近田　そこは、パブリックイメージと正反対なんだよな（笑）。しかし、あの二人の関係性も面白いよね。

平山　淳さんは京平さんをこの世界に誘い込んだけど、意外と京平さんの言うことには一目おいてましたね。

近田　京平さんの方が1歳下なのに、淳さんにははっきり怒ったりする。まあ、大体の場合、京平さんの言ってることの方が正しいらしいんだけど（笑）。

平山　それで、ご存知の通り、京平さんは綿密な譜面を書く。でも、ロスのミュージシャンって、譜面が読めない人も多いのよ。あのアルバムに収められた「フィルム シティ モーテル」という曲で起用したピアニストも譜面が読めず、一番高いトップの音を間違えて演奏していた。もう京平さんは帰国していたんで、しょうがなく私も正しい音が取れないまま歌入れをして帰ってきたのね。当然、それを聴いた京平さんは「何これ？」って驚いたわけ。結局、京平さん自身がピアノを弾いて、その部分だけ差し替えたの（笑）。

近田 途中で帰らなきゃよかったのに（笑）。

平山 向こうって、ミュージシャンのユニオンが強いじゃない？

近田 ああ、映画でも音楽でも、労働組合の存在が大きいという話はよく聞くね。

平山 これも京平さんが帰ってからの話なんだけど、予算節約のためなのか、どうもあのレコーディングでは、ユニオンを通さずにミュージシャンを雇っていた節があったの。

近田 そうすると、ユニオンが徴収する経費を払わずに済むってことね。

平山 現地のスタッフが「シーッ」とか言って、スタジオの稼働状況が周囲にバレないよう装ったりしてたのよ（笑）。そういうの知ったら、京平さんは怒ったかも。

近田 本当に曲がったことが嫌いな人だったからね。やっぱり、先に帰っておいてよかったのかもしれないな（笑）。いずれにせよ、40年以上前の話なんだから、もう時効だよ。

『鬼ヶ島』という転機

平山　『MIKI WORLD 魅嬉環嚠[illegible]』の次のアルバムが、昭和57年にビクターからリリースされた『鬼ヶ島』。他でもない近田さんにプロデュースをお願いしました。ちなみに、ここから心機一転、「平山三紀」から「平山みき」に表記も変えたのよね。

近田　当時、近田春夫&ビブラトーンズというバンドを一緒にやっていた窪田晴男や福岡裕《ゆたか》（現・ユタカ）と、ニューウェーブの要素を採り入れた実験的なサウンドを作り上げたんだよね。筒美京平、橋本淳、平山三紀が築いてきた確固たる正三角形に、同じようなものを作って挑んだとしても、絶対に勝てっこないじゃん。だから、相当悩んだよ。

平山　歌謡曲とは全然違うから、面白かったですよ。表題曲「鬼ヶ島」の歌い出しの音を取るのが難しすぎて、トイレに駆け込んで泣いたこともあったけど。

近田　えっ、そんなことがあったの？

平山　そうよ。誰も呼び戻しに来なくて困ったわよ（笑）。

近田　39年後の今、謝りますよ（笑）。まあ、確かに難しい、変わった曲だったからね。

平山　正直なところ、私、別の人に曲を作ってもらっているってこと、京平さんにはなか

「冗談じゃない朝」

「貴方の暗い情熱」
（「ラブ」B面）

なか言いにくかったんですよね。

近田　でも、いざ京平さんに聴いてもらったら、面白いねと言ってくれた。そこで合格点をいただけたことは、自分の人生の中でも相当うれしい記憶として刻まれてるよ。

平山　あのアルバムがきっかけとなって、若いミュージシャンと交流する機会も増えたので、『鬼ヶ島』は、私にとっても重要な転機になりました。

近田　ありがたい言葉だね。

「冗談じゃない朝」と「貴方の暗い情熱」

近田　ところで、京平さんがみきちゃんに書いてくれた曲で、一番好きな曲は？

平山　ひとつだけ選ぶのは難しいけど、昭和62年のシングル**「冗談じゃない朝」**かな。作詞は秋元康さんで、編曲は鷺巣詩郎さん。いろいろな要素が入った面白い曲なのよね。

近田　じゃあ、他の人が歌った筒美京平作品で好きな曲というと？

平山　高田恭子さんの**「貴方の暗い情熱」**。昭和47年に発売された「ラブ」というシングルのB面に収められてる曲で、年下の男性をたしなめるような詞を書いたのは橋本淳さん。ちょっとジャズっぽくって、すごく好きなの。私、今もステージでもよく歌ってますよ。

近田　京平さんからは、「こういう音楽を聴きなさい」みたいなアドバイスはあった？

平山　ええ。10年ちょっと前の話だけど、エイミー・ワインハウスを薦められたことがある。聴いてみたら、ああ、いいなあと思ったのよ。京平さん、さすがだなって。

近田　京平さんは、ずーっとリアルタイムの新しい音楽に興味を持ち続けてきたんだね。みきちゃんが最後に京平さんと仕事をしたのは、いつのことになるわけ？

平山　私、2013年に『ビヨンド～平山みき オール・タイム・ベスト』というベスト盤を出したんだけど、そこに、1曲だけ新曲を入れることになったの。それが、淳さんと京平さんによる「ビヨンド」。その時、京平さんはレコーディングにも来てくれました。

近田　何か言われた？

平山　相変わらず、「芸能界に染まらないで」って、そのことだけを心配してた（笑）。

近田　まだそんな風に言ってたんだ。でも、結局みきちゃんは、芸能界に染まらないままだよね。衣装はあんなに真っ黄色で派手なんだけどさ（笑）。

3つの未発表曲

平山　最後にもう一度、淳さんと京平さんと私の3人が組んだ曲を発表したいなあという気持ちはあったのよね。実は、京平さんからもらったままの未発表曲があるの。

近田　何曲ぐらいあるの？

平山　3曲ぐらいかな。『ビヨンド』の時に、私が「ジャズっぽい曲を作ってほしい」って頼んだら、「ジャズおばさん」っていう曲を作ってくれたり。曲調は、ジャズというよりサンバなんだけどね（笑）。

近田　それはぜひとも聴いてみたいよ。リリースしてくださいよ。

平山　ええ。どうにか発表したいと思ってる。

近田　京平さんって、あんまり出しゃばってしゃべったりする人じゃなかったじゃない？だから、その素顔が世の中には伝わっていない。この対談では、筒美作品を歌った数限りない歌手の中でも本当に例外的に本人と近しかったみきちゃんの記憶を通じて、筒美京平の人間としての魅力を知らせることができたと思う。ありがとうございます。

平山　そうかしら。少しでもお役に立てたならいいんだけど。私、今も、京平さんが亡くなった実感がないのよね。

近田　俺だってそうだよ。これからは誰もが、少しずつゆっくりと、京平さんの不在を噛み締めていくことになるんだろうね。

第10章　近田春夫が選ぶ10曲

ザ・ジャガーズ「マドモアゼル・ブルース」
作詞：橋本淳　編曲：筒美京平
昭和43年1月25日発売　日本ビクター

近田　これ、元ネタは多分、ビートルズの「今日の誓い」（1964年）って曲なんだよ。

——『ハード・デイズ・ナイト』の収録曲ですね。

近田　リアルタイムで初めて聴いた時は、それを換骨奪胎して、ここに着地させる手腕に驚いた。だって、ちゃんと歌謡曲に仕上がってるんだから。ビートルズのエイトビートの感覚と歌謡曲の哀愁との兼ね合いが絶妙なのよ。

——このアレンジは、エンニオ・モリコーネの『荒野の用心棒』（昭和40年日本公開）のテーマ曲や、ベンチャーズと並び称される英国のギターインストバンド、ザ・シャドウズの「アパッチ」（1960年）など、西部劇のテイストも感じさせます。

近田　レコードの方にはストリングスの音も入ってるんだけど、ライブの時は自分たちのバンドだけ、いわゆるコンボ編成で演奏していた。その具合がタイトで好きだったな。

ザ・ガリバース「赤毛のメリー」

作詞：橋本淳　編曲：筒美京平
昭和43年7月1日発売　東芝音工

近田　筒美京平の10曲といった時に、まずは挙がってこない楽曲を選んでみた。これは、京平さんのキャリアにおいて、最大のミステリーといえる曲だよね。

――たかだか3分ちょっとしかないのに、展開が恐ろしいほどに目まぐるしい。ほとんどプログレの域に達している（笑）。ど派手にファズとワウを効かせたギターのイントロに始まり、無闇に転調を繰り返し、最後は船の汽笛がポーとなって幕切れ。

近田　しかも、その転調にまったく必然性が感じられないのよ。京平さんには、「これ、どういうつもりで作ったのかな」と首を傾げたくなるような曲もたまにあるんだけど、少し考えれば、それなりの理由は推察できるわけ。でも、この曲は本当に意図が分からない（笑）。

――他にも、〈俺たち五人は〉と歌っているのにこのバンドは6人組だったり、不思議が多すぎる（笑）。彼らにとってこれが唯一のシングル。GSブームに咲いた徒花《あだばな》の一つですね。

近田　ＧＳの爛熟期には、ステージに犬を連れてきて演奏するヴァン・ドッグスとか、ユニフォームがなぜかスカートのザ・クーガーズとか、奇をてらったわけの分かんないバンドがいっぱい出てきたんだけど、曲単位でいうと、これが謎の極致だよ。

平山三紀「ビューティフル・ヨコハマ」
作詞：橋本淳　編曲：筒美京平
昭和45年11月10日発売　日本コロムビア

――橋本淳・筒美京平コンビが生み出した最大のヒット曲である、いしだあゆみの「ブルー・ライト・ヨコハマ」（昭43）の続篇的な位置を狙って作られた楽曲だと聞きます。

近田　〈踊り上手なハルオにゼンタ〉って歌詞を聴いて、自分の名前が歌われるのは珍しいなと思って好きになったんだよ。後になって、淳さんと京平さんのそれぞれの息子さんの名前だったということが分かったんだけど（笑）。

――これが三紀さんのデビュー曲です。発売までの1年間、ひたすらこの曲ばかりレッスンさせられたとご本人がおっしゃってましたね。

近田　この曲、最後は〈ビューティフルなお話しね〉でまとめるんだけど、何がビューティフルなんだか分かんないのよ（笑）。橋本淳の軽やかさというか、調子よさというものが最大限に発揮された曲だと思う。

伊東ゆかり「誰も知らない」
作詞：岩谷時子　編曲：筒美京平
昭和46年10月25日発売　日本コロムビア

近田　ハルヲフォンってバンドをやってた昭和50年代初め、俺は、六本木の交差点近くにあった「ミッキーマウス」っていうゲイバーに通い詰めてたのよ。

——今じゃ商標権的に絶対NGな店名ですね（笑）。

近田　そこのママはミキオさんといって、それが店名の由来。彼は、トニー谷みたいなタイプの、インチキ臭い感じの二枚目だったんだ。

——じゃあ、女装はしてなかったってことですね。

近田　うん。何でも、店を始める前は、日劇で振付の先生をやってたらしいんだよ。だから、ショータイムが最高なの。西城秀樹とか、いろんな歌謡曲に合わせて当て振りするんだけど、それが爆笑ものでさ。なかでも、伊東ゆかりの「誰も知らない」が絶品だった。

――ミキオさんの話術は、タレントとしての近田春夫に絶大な影響を与えたと聞きます。

近田　本当にそう。とんねるずの時期ぐらいまで、民放のバラエティは、ゲイバーのショータイムから相当ネタを盗んでたと思うよ。

――この曲の主旋律には、チントンシャンといった三味線の音色が似合いますね。

近田　でも、イントロのギャーンギャーンギャーンギャーンというギターは、アンディ・ウィリアムスの「恋はリズムにのせて」（1967年）そのままなんだよ（笑）。和洋折衷の醍醐味という点で、これほどまでに筒美京平の才能を物語る曲はないと思う。

平山三紀「熟れた果実」
作詞：橋本淳　編曲：筒美京平
昭和49年6月1日発売　CBS・ソニー

――平山三紀さんにとっては、コロムビアからCBS・ソニーに移籍して最初にリリースしたシングルとなります。

近田　この曲の元ネタは、バリー・ホワイトの「忘れられない君」（1973年）なんだよ。

――原題は、「ネヴァー・ネヴァー・ゴナ・ギヴ・ヤ・アップ」。バリー・ホワイトは、同年にラヴ・アンリミテッド・オーケストラ名義で発表した「愛のテーマ」を大ヒットさせます。

近田　俺、同じ「忘れられない君」からインスパイアされて、ハルヲフォンの時に「秘密のハイウェイ」という曲を作ったことがあるんだ。

――ファーストアルバム『COME ON, LET'S GO』（昭51）の収録曲ですね。

近田　自分は、ずっと同じコードがじりじりと続きながら、サビのところで急に甘い感じに転調する構成を換骨奪胎してみた。ところが京平さんは、この曲のメロディーの上がり下がりを、柔らかさは残したままさらに饒舌《じょうぜつ》にして、日本人的な情緒を盛り込むことに成功している。その結果、もともとの官能性がさらに増しているんだよ。

郷ひろみ「逢えるかもしれない」
作詞：山口洋子　編曲：筒美京平
昭和50年10月21日発売　CBS・ソニー

――この曲、数ある郷ひろみの楽曲の中でも、最も演歌寄りの一曲ですね。五木ひろしや森進一が歌っていても、まったく不思議じゃない。

近田　これはもう演歌だよ。通常、演歌の場合は、作曲家と編曲家は別立てのことが多いんだけど、ここでは作編曲ともに京平さんが手がけている。だから、楽曲全体が数学的な意味で非常に美しく構築されている。一分の隙もない。「ここのところはこういうコード進行で、こういうメロディーだから、こういうカウンターが入っているんだな」みたいに、その論理がクリアに見えるわけよ。アレンジのお手本みたいな曲なんだ。

――このイントロには、玉置《たまおき》宏の曲紹介が似合いそう（笑）。

近田　俺、ハルヲフォン時代によく出囃子《でばやし》に使ってたもん。そしてさ、山口洋子さんの歌詞がいいのよ。主人公は、集団就職で上京して、下町の古い木造アパートの四畳半に住んでいるようなイメージでさ。悲愴感があるんだよ。

——当時の郷ひろみのイメージとは正反対ですよね。珍しくルサンチマンが全開。

近田　〈夜のかたすみ小さな窓で　あてなくロックをきいている〉って、山口さん、このロックってどんな曲なんですかって、生きてるうちに聞きたかったよ（笑）。

——少なくとも、ビートルズやローリング・ストーンズ、レッド・ツェッペリンあたりじゃない気がします（笑）。

近田　いろいろ考えたんだけど、俺、サンタナだと思うんだよ。

——そうだ、絶対サンタナだ（笑）。しかもマイナーコードの曲じゃなきゃいけない。

近田　あと、後半に入る台詞がまた時代がかってて、いいんだよ。〈愛をたしかめることは　悲しみに耐えることなんだ…そうなんだ！〉って、何だか美樹克彦みたいでさ（笑）。

郷ひろみ「雨にひとり」
作詞：荒井由実　編曲：筒美京平
昭和50年11月21日発売『HIROMIC WORLD』所収　CBS・ソニー

——全曲、荒井由実時代のユーミンが作詞、京平さんが作編曲を行った異色のアルバム

『HIROMIC WORLD』の中の一曲です。

近田　このアルバム、他にも好きな曲があるけど、目をつぶった時に浮かんでくるのはこの曲。「雨にひとり」は、ちょっと悲しいメロディーであるものの、ウェットな感傷性のみならず、アカデミックな意味での硬質な論理性もまた伝わってくる。その両立が素晴らしい。

――この時期のユーミンって、実は詞だけを他の歌手に提供した楽曲も多いんですよね。沢田研二の「ウィンクでさよなら」（昭51）は加瀬邦彦さんが、南沙織の「青春に恥じないように」（昭51）は川口真《まこと》さんが作曲を行っています。

近田　京平さんって、作詞家の持っている世界観の一番本質的ないいところを引き出すのが上手い作曲家だなと思うのよ。それは、曲先であろうと詞先であろうと同じこと。このアルバムでは、作詞家としてのユーミンの持っているカラフルな個性を、楽曲ごとに曲調やアレンジを使い分けて、見事に花開かせている。自分と比べればまだキャリアも浅く、年も離れたユーミンの才能に対する並々ならぬリスペクトが伝わってくるんだよ。

――何しろ、この当時のユーミンはまだ21歳ですからね。

近田　そんな京平さんの人柄が垣間見えたという意味でも、思い出深いアルバムだね。

――このアルバム以外で、ユーミンと京平さんの組み合わせといえば、平山三紀の「やさしい都会」（昭51）、五十嵐夕紀の「6年たったら」（昭52）などが挙げられますね。

近田　この二人のコラボは、もっともっと盛んに行われてもよかったと思うよ。

郷ひろみ「恋の弱味」
作詞：橋本淳　編曲：筒美京平
昭和51年2月1日発売　CBS・ソニー

――さっきの「逢えるかもしれない」の主人公の住まいについて、近田さんは木造アパートの四畳半を思い描いたわけですが、「恋の弱味」の舞台は、打って変わって瀟洒《しょうしゃ》な白いマンションのペントハウス。

近田　さっきも言ったけど、京平さんはそれぞれの作詞家の持ち味を自然と引っ張り出し、自分をその色に染めることができるんだよね。「逢えるかもしれない」と「恋の弱味」は、歌い手も一緒でありながら、同じ作曲家が書いたとはとても思えないじゃん（笑）。

――「恋の弱味」のサウンド面における魅力は？

近田　エレキギターのシャカシャカっていうカッティングがカッコいいんだよ。そこで惹きつけられる曲って、シティポップみたいなジャンルには多いけれど、歌謡曲にはなかなかないじゃない？　京平作品でいえば、平山三紀の「真夜中のエンジェル・ベイビー」（昭50）も軽快なカッティングが印象的だったよね。京平さんの曲は、とにかくエレキが生きるんだ。

――その2曲は、近田春夫&ハルヲフォンが『電撃的東京』（昭53）において、セックス・ピストルズ調のパンキッシュなアレンジでカバーしています。

近田　俺、いいシングル盤の条件は、曲がコンパクトにギュッとまとまっていることだと思うのよ。3分24秒の「恋の弱味」は、その条件をしっかり満たしている。まったく無駄のない感じが、たまんなかったんだよ。

内山田洋とクール・ファイブ「さようならの彼方へ」
作詞：千家和也　編曲：高田弘
昭和53年5月25日発売　RVC

近田　令和の文脈からいうと、京平さんというコンポーザーは、シティポップに代表される都会的な要素を歌謡曲に溶かし込んだ功績が評価されていると思うんだ。

――ええ。その辺りは、韓国をはじめとする海外のＤＪも好むところです。

近田　だけど俺は、「えっ？　京平さんってこういう曲も書くんだ」という意外性にこそ心が躍るのよ。その代表が「さようならの彼方へ」。

――京平さんがクール・ファイブに書いたのは、これ1曲だけなんですね。

近田　空港を舞台としたベタな歌謡曲ってよくあるじゃない？　この手のドメスティックな楽曲は、もともとギターの弾き語りから始まったような演歌系の作曲家が書く場合が多いわけ。それを、正反対のタイプの京平さんが書くと、ここまで違うのかという驚きがあった。日本人ならではの琴線に触れるような情緒を十分に盛り込みながら、その一方、譜面を読み解くと、プロの分析に完璧な解答を与える合理的な技巧が凝らされている。

「グッド・ラック」

――編曲は高田弘さん。京平さんの楽曲では、野口五郎の**「グッド・ラック」**（作詞：山川啓介／昭53）など、ＡＯＲやフュージョンの薫りを漂わせるアレンジで冴えを見せました。この曲にも、フィラデルフィア辺りの洗練されたソウルのテイストが感じられます。

近田　京平さん好みのサウンドを、きちんと具現化してるよね。

——ＦＭラジオの名番組「ジェット・ストリーム」の世界観をムード歌謡に落とし込んだがごときナンバーですよね。飛行機の離陸音が掉尾《とうび》を飾る点も含めて。

近田　だから、イントロでは城達也に何かしゃべってほしくなるんだよ（笑）。

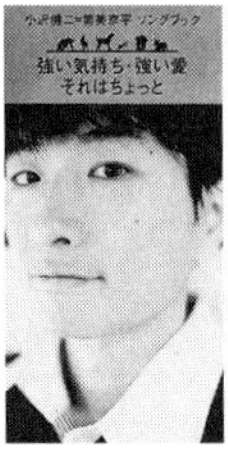

小沢健二「強い気持ち・強い愛」
作詞：小沢健二　編曲：筒美京平・小沢健二
１９９５年２月28日発売　東芝ＥＭＩ

——スチャダラパーを迎えた「今夜はブギー・バック」（１９９４年）、それまでのストイックな作風からキャッチーな路線へと振り切ったアルバム『ＬＩＦＥ』（１９９４年）、ＣＭタイアップの「カローラⅡにのって」（１９９５年）を経て、小沢健二の人気が最高潮に達した時点で筒美京平とのコラボレーションが発表されたことは、世間をあっと言わせました。

近田　京平さんは、小沢健二という歌い手の持っている声の帯域を狙い撃ちして、この曲を作ったと思うんだよ。だって、オザケン本人が書いてる曲とは、全然声の響きが違うもの。

――シンガーソングライターであるオザケン自身よりも、彼の喉の適性を熟知していると。

近田　京平さんについて改めてすごいなと思うのは、あの人、自分がこういう曲を書きたいという我欲じゃなく、この人にはこの音域やフレージングが向いてるっていう需要から曲作りを始めるんだ。シンガーの生まれ持った声の最もいい部分を探り当てる聴覚的アンテナには、努力では追いつかない天賦の才能を思い知らされる。

――このプロジェクトは、京平さんからのアプローチに端を発しているそうですね。

近田　28歳も年下の人間と一緒に、音楽という共通言語を介して新鮮この上ない作品を完成させたというのは本当にすごいことだと思う。京平さんは一生にわたって、ずーっと新しいものに対する興味を失わなかったんだよ。

――今、改めて京平さんの作品を通史的に聴き直してみると、近田さんの言わんとしていることは的を射ているなと痛感します。

近田　どの時代の曲に触れても、最新の音楽に対する尽きせぬ好奇心が伝わってくる。その態度を貫いたことこそが、俺が京平さんを愛してやまない最大の理由なんだよ。

■付録・下井草秀が選ぶ10曲

下井草秀《しもいぐさしゅう》　昭和46年宮城県生まれ。エディター／ライター。本書において聞き手と構成を担当した。ほかに構成・執筆を手がけた単行本に、近田春夫『調子悪くてあたりまえ 近田春夫自伝』（リトルモア）、ジェームス藤木『ジェームス藤木自伝』（シンコーミュージック・エンタテイメント）、横山剣『僕の好きな車』（立東舎）、細野晴臣・星野源『地平線の相談』（文藝春秋）などがある。

郷ひろみ**「寒い夜明け」**
作詞：楳図《うめず》かずお　編曲：筒美京平
昭和51年11月1日発売　CBS・ソニー

近田氏曰く、初期の郷ひろみの歌詞は、綺麗ごとで飾った理屈でいとも簡単に女性を捨ててしまう男ばかりが主人公なのだが、こちらはその極北。漫画家の楳図かずおを作詞に起用したスタッフの慧眼《けいがん》に驚く。

西田佐知子**「あなたの暗い情熱」**

作詞：橋本淳　編曲：筒美京平

昭和52年7月21日発売『いつもの午後』所収　ポリドール

高田恭子のシングル「ラブ」（昭47）B面のカバー。ベルナルド・ベルトルッチの映画『ラストタンゴ・イン・パリ』の主題曲（昭和48年日本公開）を彷彿《ほうふつ》とさせるガトー・バルビエリ風歌謡は、妖艶にして洗練の極み。

松崎しげる**「銀河特急」**

作詞：たかたかし　編曲：筒美京平

昭和53年4月25日発売　ビクター

フィラデルフィアの薫り漂うグルーヴィーな筒美流ソウル歌謡の逸品。イントロの元ネタはボズ・スキャッグスの「ハリウッド」（1977年）であるからして、AOR的な視点からの黒人音楽解釈がうかがえる。

野口五郎**「女になって出直せよ」**
作詞：阿久悠　編曲：船山基紀
昭和54年7月10日発売　ポリドール

ドラムスのジェームス・ギャドソン、ギターのラリー・カールトン他、超一流ミュージシャンが参加したロサンゼルス録音盤。自身が優れたギタリストでもある野口五郎のフュージョン志向が実を結んだ名曲。

斉藤由貴**「卒業」**
作詞：松本隆　編曲：武部聡志
昭和60年2月21日発売　キャニオン・レコード

太田裕美「木綿のハンカチーフ」（昭50）と並ぶ、松本・筒美による女性アイドル歌謡の最高峰。オリエンタルなピアノのイントロは、アラン・トゥーサンの「サザン・ナイツ」（１９７５年）と共鳴するように思う。

少年隊「君だけに」
作詞：康珍化　編曲：馬飼野康二
昭和62年6月24日発売　ワーナー・パイオニア

ＳＭＡＰ「夜空ノムコウ」（１９９８年）と並び立つ、ジャニーズにおけるシタール歌謡の双璧《そうへき》。フィンガースナップには、ジャニーズ事務所の原点となったミュージカル『ウエスト・サイド物語』への憧憬を見る。

石井明美「ＪＯＹ」
作詞：ちあき哲也　編曲：戸塚修
昭和62年7月22日発売　ＣＢＳ・ソニー

「CHA-CHA-CHA」（昭61）の大ヒットで知られる歌手によるミディアムチ

ユーン。チャートアクションこそ19位止まりだったが、その後、女性を中心にカラオケで歌い継がれることとなった。しみじみいい曲だと思う。

鈴木蘭々**「泣かないぞェ」**
作詞：鈴木蘭々・森園真　編曲：田辺恵二・萩田光雄
1995年8月8日発売　ダブル・オー

小沢健二「強い気持ち・強い愛」（1995年）とともに、90年代の新しい京平ソウルを代表する名曲。普通なら〈泣かないぞ Yeah〉と表記するだろう歌詞を、あえて〈泣かないぞェ〉としたところに発明がある。

中川翔子**「綺麗ア・ラ・モード」**
作詞：松本隆　編曲：本間昭光
2008年10月22日発売　ソニー・ミュージックレコーズ

サビに向かってゆっくりと上昇していくメロディーの高揚感に、京平作品ならではのエクスタシーを覚える。まさに玄人仕事。歌謡曲に対する愛があふれるしょこたんの歌とパフォーマンスがまた、素晴らしいのだ。

田所あずさ**「あなたの淋しさは、愛」**
作詞：売野雅勇　編曲：小林俊太郎
２０１９年5月22日発売『ネヴァーランド Voice Actor×売野雅勇』所収
徳間ジャパンコミュニケーションズ

稀代の作曲家が、生前において最後に発表したスワンソング。松田聖子が京平作品を歌ったなら、という歴史上のイフにひとつの答えを与える。21世紀、黄金期アイドル歌謡の系譜を引き継いだのは声優たちだった。

筒美京平・各種データ

昭和15（1940）年～令和2（2020）年。東京都生まれ。
本名：渡辺栄吉。青山学院大学経済学部卒業。
作曲作品の総売上枚数　7560・2万枚（作曲家歴代1位、オリコン調べ）
編曲作品の総売上枚数　3747・1万枚（編曲家歴代4位、オリコン調べ）

オリコン1位となった39曲

発表年	曲名	売上数（万枚）	歌手	作詞	編曲	備考
1968	ブルー・ライト・ヨコハマ	100・3	いしだあゆみ	橋本淳	筒美京平	初の1位獲得曲にして初のミリオンセラー
1971	また逢う日まで	95・6	尾崎紀世彦	阿久悠	筒美京平	第13回日本レコード大賞受賞曲
1973	赤い風船	48・1	浅田美代子	安井かずみ	筒美京平	TBS系ドラマ『時間ですよ』挿入歌
1973	わたしの彼は左きき	49・5	麻丘めぐみ	千家和也	筒美京平	第24回NHK紅白歌合戦出場曲
1974	よろしく哀愁	50・6	郷ひろみ	安井かずみ	森岡賢一郎	NET（現・テレビ朝日）系ドラマ『ちょっとしあわせ』主題歌

発表年	曲名	売上数（万枚）	歌手	作詞	編曲	備考
1974	甘い生活	49・4	野口五郎	山上路夫	筒美京平	野口五郎初のオリコンチャート第1位
1975	ロマンス	88・7	岩崎宏美	阿久悠	筒美京平	第17回日本レコード大賞新人賞受賞曲
1975	センチメンタル	57・3	岩崎宏美	阿久悠	筒美京平	第48回選抜高校野球入場行進曲
1979	魅せられて	123・5	ジュディ・オング	阿木燿子	筒美京平	第21回日本レコード大賞受賞曲
1979	セクシャルバイオレットNo.1	59・2	桑名正博	松本隆	桑名正博&ティアードロップス、戸塚修	カネボウ秋のキャンペーンCMソング
1980	スニーカーぶる～す	104・7	近藤真彦	松本隆	馬飼野康二	デビューシングルでの初登場1位を記録
1981	ブルージーンズメモリー	59・8	近藤真彦	松本隆	馬飼野康二	東宝映画『ブルージーンズメモリー』主題歌
1981	ギンギラギンにさりげなく	81・6	近藤真彦	伊達歩	馬飼野康二	第23回日本レコード大賞最優秀新人賞受賞曲
1982	情熱☆熱風☽せれなーで	55・6	近藤真彦	伊達歩	大谷和夫	青春路線から一変して軽いタッチの作品
1982	ふられてＢＡＮＺＡＩ	53	近藤真彦	松本隆	後藤次利	デビュー以来初の笑顔のジャケット写真が話題に

筒美京平・各種データ

発表年	曲名	売上数（万枚）	歌手	作詞	編曲	備考
1982	原宿キッス	40・6	田原俊彦	宮下智	船山基紀	田原俊彦6作ぶりオリコンチャート第1位
1982	ホレたぜ！乾杯	50・2	近藤真彦	松本隆	後藤次利	第24回日本レコード大賞ゴールデン・アイドル賞受賞曲
1983	ミッドナイト・ステーション	39・1	近藤真彦	松本隆	佐久間正英	第25回日本レコード大賞金賞受賞曲
1983	シャワーな気分	26・1	田原俊彦	三浦徳子	大村雅朗	髪型の違う2種類のレコードジャケットあり
1983	ためいきロ・カ・ビ・リー	33	近藤真彦	松本隆	松下誠	東宝映画『嵐を呼ぶ男』主題歌
1983	ロイヤル・ストレート・フラッシュ	29・5	近藤真彦	松本隆	松下誠	ダンスも話題になったミディアムテンポの楽曲
1984	一番野郎	29・4	近藤真彦	売野雅勇	松下誠	売野雅勇と組み初のオリコン1位
1984	迷宮のアンドローラ	37・7	小泉今日子	松本隆	船山基紀	長岡秀星のイラストストーリー『迷宮のアンドローラ』イメージソング
1984	ヤマトナデシコ七変化	30・1	小泉今日子	康珍化	若草恵	KYON^{2}名義での限定生産12インチ・シングルもリリース
1985	魔女	16・7	小泉今日子	松本隆	中村哲	のちに堀ちえみ、有村架純がカバー
1985	なんてったってアイドル	28・4	小泉今日子	秋元康	鷺巣詩郎	第36回NHK紅白歌合戦出場曲

発表年	曲名	売上数（万枚）	歌手	作詞	編曲	備考
1985	仮面舞踏会	47・8	少年隊	ちあき哲也	船山基紀	第28回日本レコード大賞最優秀新人賞受賞曲
1986	バラードのように眠れ	23・1	少年隊	松本隆	馬飼野康二	レコードと合わせてシングルカセットも販売
1986	ないものねだりのI Want You	13・6	C-C-B	松本隆	大谷和夫、C-C-B	TBS系ドラマ『毎度おさわがせします』第3シリーズ主題歌
1987	水のルージュ	18・7	小泉今日子	松本隆	大村雅朗	カネボウ春の口紅『AQUA ROUGE』とのタイアップソング
1987	stripe blue	25・2	少年隊	松本隆	馬飼野康二	ファッションビル「原宿アイドルワンダーランド」テーマソング
1987	さよならの果実たち	16・1	荻野目洋子	売野雅勇	武部聡志	荻野目洋子初のオリコンチャート第1位
1987	君だけに	28・8	少年隊	康珍化	馬飼野康二	東宝映画『19ナインティーン』主題歌
1987	泣いてみりゃいいじゃん	14・6	近藤真彦	康珍化	馬飼野康二	第18回日本歌謡大賞受賞曲
1987	ABC	25・4	少年隊	松本隆	船山基紀	2007年リリース『京平ディスコナイト』には小西康陽のリミックスが収録
1988	じれったいね	18・4	少年隊	森浩美	新川博	第39回NHK紅白歌合戦出場曲
1994	TENCAを取ろう！——内田の野望——	43・7	内田有紀	広瀬香美 川咲そら	松本晃彦	フジテレビ系ドラマ『半熟卵』主題歌

発表年	曲名	売上数(万枚)	歌手	作詞	編曲	備考
1999	やめないで，PURE	65・2	KinKi Kids	伊達歩	WACKY KAKI	日本テレビ系ドラマ『君といた未来のために』主題歌
2003	AMBITIOUS JAPAN!	20・9	TOKIO	なかにし礼	船山基紀	JR東海キャンペーンCMソング

（オリコン調べ。網掛けはミリオンセラー。作成：目崎敬三）

あとがき

京平さんに初めてお目にかかったのが昭和51年だったから、かれこれもう45年も前の話になる。つくづく時の経つのは早いものだ。

亡くなられたのは去年の秋である。考えてみればまだまだついこの間だというのに、それが随分遠く感じられたりもする。

そんな交錯した思いで日々を過ごしていた矢先、下井草秀から京平さんの本を一緒に作りませんかと誘われた。渡りに船とはコトバが悪いが、これも縁かと思い、二つ返事で引き受けることとした。

というのも、色々なところで目にした追悼記事やコメントの大半が、巨匠となってからの〝仕事絡みのエピソード〟で、「人間筒美京平」という切り口／視点でこの偉大な音楽家について語られるようなものは残念ながら本当に少なかったからだ。これを機会に自分なりに、何かそうしたものを――僭越ながら――残せるかも知れないと思ったのだ。

いってみれば筒美京平ではない。渡辺栄吉のことである。

わたくし、ご縁があり、京平さん実弟の渡辺忠孝さんとは、全くの別ルートで70年代初頭から懇意にさせていただいていた。そのあたりの経緯については、この本に詳しいので読んでいただくとして、とにかく忠孝さんがどんな誰より筒美京平をよく知る人間なのは間違いない。

そこで早速忠孝さんに相談をすると、僕が忠孝さんにお話を伺うというカタチがいいのではないかということに落ち着いた。

そうなるともう一人どうしてもお話を伺いたくなってくるのが、青山学院でひとつ先輩だった橋本淳さんである。

淳さんの「引き」がなければ作曲家筒美京平の存在はなかったということもよく忠孝さんから伺っていたので、おふたりの交流についてなど、是非とも直接尋ねてみたいと思ったのだ。

淳さんとはこれまで面識がなかったので、忠孝さんに仲介の労をとっていただいた。

あらためて忠孝さんにはお礼を申し上げる次第です。

そしてもう一人。歌手／アーティストとしては、唯一といっていい、京平さんと個人的というか家族ぐるみというか、そういったお付き合いのあった平山みきさんにもお話を伺った。彼女とはかつてアルバムの仕事をさせていただいて以来の仲良しなので、久しぶりのやりとりにも花が咲いた。結果、まさに抱腹絶倒、秘話の数々を披露していただけることとなった。

そんな訳で、ひょっとしていわゆる音楽家としての「筒美京平論」のような硬い内容を望まれた向きには、この本はいささかベクトル違いだったかも知れない。ただこれまでほぼ語られることのなかった、渡辺栄吉その人の人物に迫るという意味では、御三方の証言は貴重この上ないものであろう。それだけは取材者として断言しておきたい。自負がある。

今回、稀代のヒットメーカー筒美京平の、誰も知らない一面を少しでもお伝えできていれば幸いである。

2021年7月某日

近田春夫

近田春夫（ちかだ はるお）

1951年東京都生まれ。音楽家。慶應義塾大学文学部中退。75年に近田春夫＆ハルヲフォンとしてデビュー。その後、ロック、ヒップホップ、トランスなど、時代の最先端のジャンルで創作を続ける。また、タレント、ラジオDJ、CM音楽作家、作詞家、作曲家、プロデューサーなどとしても活躍。文筆家としては、「週刊文春」にJポップ時評「考えるヒット」を24年にわたって連載した。最新の著書に『調子悪くてあたりまえ　近田春夫自伝』、近作にソロアルバム『超冗談だから』、ベストアルバム『近田春夫ベスト～世界で一番いけない男』などがある。現在は、バンド「活躍中」、ユニット「LUNASUN」のメンバーとしても活動している。

文春新書

1325

筒《つつ》美《み》京《きよう》平《へい》　大《だい》ヒットメーカーの秘《ひ》密《みつ》

2021年8月20日　第1刷発行

著　者　近田春夫
発行者　大松芳男
発行所　株式会社　文藝春秋

〒102-8008　東京都千代田区紀尾井町3-23
電話（03）3265-1211（代表）

印刷所　理想社
付物印刷　大日本印刷
製本所　大口製本

定価はカバーに表示してあります。
万一、落丁・乱丁の場合は小社製作部宛お送り下さい。
送料小社負担でお取替え致します。

ISBN978-4-16-661325-0